DE LA

Forêt de Compiègne

GUIDE DESCRIPTIF

DE LA

Forêt de Compiègne

Par MM. Arthur BAZIN et Fernand MEURAINE

Membres de la Société Historique

Nouvelle Édition revue et augmentée,
avec une Carte de la Forêt

COMPIÈGNE

E. LEVÉZIEL, IMPRIMEUR-ÉDITEUR

9, Rue des Pâtissiers, 9

—

1907

PRÉFACE

La forêt de Compiègne était autrefois dénommée forêt de Cuise, tirant son nom de la maison royale de Cuise dont on a retrouvé les ruines derrière Saint-Jean-aux-Bois, à peu de distance du carrefour du Bocage.

Avant François Ier, il n'y avait de routes bien percées que la chaussée Brunehaut, les routes de Paris à Soissons, de Compiègne à Crépy et de Lacroix à Pierrefonds. Cette dernière s'appelle encore chemin des Plaideurs, parce que les habitants du village de Lacroix, dépendant anciennement de la châtellenie de Pierrefonds, la suivaient pour se rendre au siège de cette juridiction.

François Ier fit percer les huit grandes routes qui aboutissent au Puits-du-Roi. Ce sont les routes du Moulin, de Royallieu, du

Carnois, du Pont-la-Reine, de Champlieu, de Morienval, de la Mariolle et de Berne. Louis XIV acheva de civiliser la forêt en traçant le grand octogone auquel il ajouta cinquante-quatre petites laies, pour mettre les huit grandes routes en communication entre elles. Sous Louis XV, on ouvrit dans la forêt deux cent vingt-neuf routes nouvelles, y compris les huit pans du petit octogone et vingt-sept routes cavalières. Louis XVI en a fait percer plusieurs à son tour. La trouée des Beaux-Monts est l'œuvre de Napoléon I" ; la route de la Faisanderie, celle de Charles X ; la route de l'Empereur et la route Eugénie, celle de Napoléon III.

Il y a en tout dans la forêt deux cent soixante-dix-huit carrefours. Ils empruntent leurs noms, comme les routes, soit aux localités qui les avoisinent, soit à des noms de princesses ou de seigneurs, comme le carrefour Victoire, le carrefour d'Antin, soit à des divinités sylvestres, comme celui des Hamadryades, soit au dictionnaire de la Vénerie, comme ceux du Hourvari, du Relancé, du Beau-Revoir, d'autres encore à des animaux qui y ont été pris dans des circonstances mémorables, tels que ceux du Renard, du Cerf, du Sanglier.

La forêt se divise en deux mille six cent

vingt massifs ; elle contient quatorze mille huit cent cinquante-neuf hectares et l'on y exploite annuellement cent vingt mille stères de bois. Le fonds et la superficie sont estimés quarante-cinq millions. Le produit annuel est d'un million (1).

Vingt-sept rus ou ruisseaux, ramifiés en une foule de branches, traversent la forêt. Le plus considérable est le ru de Berne. Il prend sa source à la Folie, près de Pierrefonds, passe à Pierrefonds, aux étangs de Batigny et à ceux de Saint-Pierre, traverse le territoire de Vieux-Moulin, passe au Vivier-Frère-Robert, à l'Ortille, au pont de Berne et se jette dans l'Aisne auprès de la Motte-Blin, après un parcours total de 10.730 mètres, dont 4.405 en forêt. Les rus des Petites-Manchettes et le Grand-Ru se jettent dans l'Oise.

On compte quinze fontaines dans la forêt, parmi lesquelles il faut citer la fontaine pétrifiante de la Mariolle, le long de la route de ce nom dans la montagne Saint-Étienne, et celle du Rosoir, près du carrefour de Champlieu. On y trouve seize mares : celle du Vivier-Corax, d'Hippolyte, des Planchettes, du Contrôleur, des Secnaux, du Chêne-Sec, de Tillaru, du Poulinet, des

1. *Compiègne*, par Lefebvre-Saint-Ogan, f° 231.

Loups, Maillot, Calabre, Saint-Louis, du Port-Caborgne, Saint-Jean (1).

« Je ne crains pas, dit Léon Ewig, d'être taxé d'exagération en plaçant la forêt de Compiègne au nombre des plus belles forêts de France ; peut-être en est-elle la plus intéressante, par la quantité des monuments qu'elle ombrageait, et par ses beaux sites et ses aspects variés » (2).

1. *Compiègne*, par Lefebvre-Saint-Ogan, f° 262.
2. *Compiègne et ses environs*, f° 23.

PROMENADES DESCRIPTIVES
EN FORÊT

Du pont de Rethondes à Vieux-Moulin
(4 kilomètres)

Une jolie promenade à faire et que je recommande aux personnes éprises de pittoresque, c'est d'aller de la Pierre-Torniche à Vieux-Moulin. On descend à la station de Pont-de-Rethondes, on gagne la route de Soissons que l'on remonte jusqu'à la borne hectométrique 921, et là en face, on trouve un chemin conduisant directement au monument celtique situé à environ quatre cents mètres à gauche.

Quels géants ont pu déplacer cette roche colossale qui gisait parmi les blocs erratiques couvrant le mont Saint-Mard?

Malgré soi, on songe aux fils du Ciel et
de la Terre qui entassèrent Ossa sur
Pélion et l'Olympe sur l'Ossa pour escalader le Ciel et détrôner Jupiter. A quels
engins rudimentaires les Celtes eurent-
ils recours pour faire rouler cette masse
à l'endroit où elle est actuellement? Ce
bloc est, sans conteste, la plus antique
manifestation de la force musculaire
devant laquelle l'habileté de notre mé-
canique reste stupéfaite, en même temps
qu'il est le plus beau témoignage de la
foi soulevant des montagnes. Car c'était
pour plaire à leurs dieux et les honorer
qu'ils se condamnaient à ce travail sur-
humain, tout comme nos ancêtres qui,
au moyen âge, construisirent de magnifiques cathédrales pour y adorer Jésus-
Christ.

Ceux qui ont accompli cet effort, et
qui étaient contemporains de l'époque
du renne et de l'élan à la vaste empau-
mure, n'avaient pas à redouter le gigan-
tesque mammouth, ni le grand ours des
cavernes. A l'ombre des grands bois, ils

chassaient l'auroch et le sanglier, n'ayant
pour toute arme que des flèches munies
de pointes en silex et des haches de
même fabrication emmanchées dans du
bois ou dans des cornes de cerf. Ils ado-
raient Tarann, l'esprit du tonnerre, qui
les impressionnait vivement; Bel, le
Dieu du soleil, dont on fêtait chaque
année, durant la nuit du 1er mai, le
retour radieux par de grands feux allu-
més sur les hauteurs; Arduin, le dieu de
l'immense forêt des Ardennes, comprenant celle de Cuise; Hésus, la cause
première, « qui repousse toujours, » et
Teutatès, le père du peuple, l'ordonna-
teur du monde, dont on célébrait la fête
dans la forêt, à la lueur des flambeaux,
la première nuit de l'année nouvelle. A
cette date, les druides, ministres de ces
divinités, prêtres et sorciers à la fois,
cueillaient en grande pompe le gui sacré
sur le chêne, arbre vénéré par eux.

Leurs dieux étaient insatiables de
cruautés et demandaient des sacrifices
humains. Cet autel auquel accédaient

les prêtres par un escalier creusé dans
la roche et bien visible encore aujour-
d'hui, a ruisselé plus d'une fois du sang
des victimes, et ce temple, dont la voûte
était un dôme épais de verdure soutenu
par d'énormes colonnes formées de
troncs de chênes gigantesques, a retenti
souvent du cri des malheureux égorgés
pour connaître la volonté des dieux.
Dans ce bois sacré, dont la majesté sombre
et triste prédisposait à la crainte,
une multitude innombrable, échelonnée
sur le flanc du mont Saint-Mard, assistait
avec un effroi superstitieux à ces immo-
lations qu'elle croyait agréables aux
dieux. Non pas que ce peuple redoutât
la mort que, bien au contraire, il recherchait, parce que, croyant à la métemp-
sycose, elle était pour lui un recommen-
cement de la vie. Sous ce monument, on
a constaté l'existence d'une chambre
sépulcrale ou d'un hypogée dans lequel
se trouvaient une vingtaine de squelettes
provenant probablement d'un grand sa-
crifice humain.

D'après la tradition populaire, cette pierre, comme la plupart de ses pareilles, tournait sur elle-même, dans la nuit de Noël, à minuit. Au moyen âge, des sabbatiers venaient au clair de lune danser en rond autour d'elle, et ce tournoiement répété semblait lui donner un mouvement de rotation imaginaire, d'où le nom de Pierre-Tourneresse ou Torniche qui lui a été attribué.

Aujourd'hui, ce ne sont plus des rondes nocturnes, mais des déjeuners qu'on y fait sur la plateforme. Au lieu du sang qui s'échappait par les rigoles, encore existantes, c'est le vin qui se répand dans les verres. Aux cris de douleur des victimes, ont succédé des cris de joie de bons vivants ; au sacrificateur lugubre, armé du couteau en silex, s'est substitué un facétieux écuyer-tranchant qui, de sa dextre, découpe habilement un poulet dodu. C'est une profanation. Mais quelle salle à manger idéale au milieu du mystère de ces grands bois, dans la partie la plus sauvage de la forêt, au fond d'un abîme de verdure, parmi des escarpements et des rochers ! Quelle impression de fraîcheur, quelle sensation de calme et de bien-être on éprouve sous cet ombrage ! Comme on se sent loin du monde dans ce solennel silence de la nature que rien ne trouble, même pas le cri du grillon. Seuls, quelques écureuils à l'affût de tout ce qui est insolite, et, dissimulés derrière des troncs d'arbres, laissent, de temps en temps, passer leur petite tête chafouine pour voir ce qui se passe.

En reprenant la route tournante qui se trouve tout près de la Pierre-Torniche, afin de gagner le sommet du mont Saint-Mard, on rencontre à gauche le plus délicieux coin de forêt. C'est une gorge profonde, hérissée de gros hêtres sous l'ombrage desquels rien ne pousse et dont le creux est recouvert d'un mignon tapis de verdure qu'une trouée dans les frondaisons permet au soleil d'illuminer. Il n'y manque qu'un ruisselet serpentant à travers ce vallon en miniature pour se croire en Suisse ou dans quelque paysage alpestre.

Sur le plateau, le décor change ; la voûte de verdure sous laquelle on cheminait jusqu'ici, cesse brusquement, des coupes de bois ayant clairsemé la futaie. C'est sur ce mont qu'eut lieu un curieux épisode de la guerre des Gaules. Les Bellovaques, sous le commandement de Corréus, y avaient installé leur camp, ayant en face d'eux, sur le mont Saint-Pierre-en-Chastre, César avec sept légions. Celui-ci n'osait les attaquer, tellement leur position était fortement défendue par des marais dont ceux de Vieux-Moulin et du Vivier-Frère-Robert ne donnent plus qu'une faible idée. Mais ayant remarqué que la montagne sur laquelle ils étaient établis se reliait au mont Collet dont elle n'était séparée que par un vallon de peu de largeur, il fit jeter des ponts sur les marais pour aborder les Gaulois. Il s'apprêtait à les investir, lorsque ceux-ci, se souvenant avec effroi du siège d'Alésia, allumèrent de grands feux sur le front de leur camp. Derrière ce rideau de flammes et de fumée que les Romains craignaient de franchir, de peur de tomber dans une embuscade, ils s'échappèrent et, traversant à gué le bras de l'Aisne ainsi que celui de l'Oise, ils se retranchèrent sur le mont Gannelon (1).

Ensuite, on arrive au carrefour des Carrières, ainsi nommé parce que tout près de là, à la jonction du chemin de l'Ermite et de la route de l'Ortille, à soixante-dix mètres de la route tournante, les carriers Pierre Fillion, Laurent et Collin des Prés extrayaient en 1505 de la pierre qui servit en grande partie à la construction de l'hôtel de ville de Compiègne. Dans ces excavations, un saint ermite, René Va, s'était, en 1652, aménagé une grotte où il vécut dans la solitude et la piété pendant trente-cinq années. Marie-Thérèse d'Autriche, dans un séjour qu'elle fit à Com-

1. Caillette de l'Hervillers.

piègne, le visita plusieurs fois et parvint à lui faire accepter une petite rente qu'il toucha jusqu'à sa mort.

Peu de temps après, le duc du Maine vint également le voir et lui laissa comme souvenir une horloge dont l'anachorète disposa en faveur d'un ami. Il n'avait pas besoin, disait-il, de ce présent pour entendre sonner l'heure, parce que la notion du temps lui était complètement indifférente et que l'heure de la mort saurait bien se faire connaître à lui sans frapper sur un timbre.

De là, on prend le chemin de la Pierre-qui-Tourne à la route Eugénie pour parvenir au carrefour du Geai, où l'on admire une percée de six chemins à la belle perspective. On continue toujours, en franchissant un entreillagement, et l'on arrive au carrefour de la Fontaine-Jean-Delimé, près duquel se trouve un magnifique point de vue donnant sur la vallée de Vieux-Moulin et sur le mont Saint-Pierre-en-Chastre. On suit le chemin à gauche, au bout duquel se trouve une barrière mobile qu'il faut franchir pour traverser la route Eugénie. En face, vous pénétrez dans un chemin de sable et à quatre ou cinq mètres à droite, vous enfilez un joli petit sentier qui vous conduit, à mi-côte, à la fontaine Jean-Delimé dont les capricieux méandres et le murmure plaintif vous charment délicieusement.

Vous arrivez enfin au coquet village de Vieux-Moulin, traversé par le ru de Berne et situé au coin d'une vallée charmante que dominent de toutes parts des collines verdoyantes, par dessus lesquelles s'étagent d'autres collines boisées à l'infini, dont fait partie le mont Saint-Pierre-en-Chastre (1).

L'église, construite avec les libéralités de l'impératrice Eugénie, la principale rue bordée de jolies maisons, sont d'un aspect très pittoresque et les riantes villas comme la Chaumine, le Paradou

(1) Lefebvre Saint-Ogan.

et la maison Bernard, près de la gare, méritent d'être visitées.

A gauche du portail de l'église est une pierre tombale dressée contre la muraille, sur laquelle on peut lire :

A la mémoire de discrète personne Marie
Lallemand, vivant choriste de la paroisse
de Saint-Jacques, de Compiègne, qui a
donné à l'église de céans un muid de bled
de rente pour le curé de cette église, à la
charge qu'il sera obligé d'acquitter toutes
les semaines une basse messe à l'intention
dudit défunt, suivant le contrat passé
par Jehan de Blois aud : Compiègne, le
25 avril 1670, qui est le jour de son décès.
PRIEZ DIEU POUR SON AME

Le clocher, de construction moderne, a été rebâti par les ordres de Napoléon III ; il contenait autrefois deux cloches, il n'en reste plus qu'une aujourd'hui, sur laquelle on lit : *J'ai été faitte et bénite par M⁰ Selame, curé de Montmartin, et nommée Marie par M⁰ Eloy Graval, prêtre, et par demoiselle de Montfrade.*

La description telle quelle de ces

attractions est bien pâle auprès de la réalité, et malgré le docte Boileau, je proclame qu'en cette circonstance, ce que l'on conçoit bien ne s'énonce pas clairement et que les mots, pour le dire, n'arrivent pas aisément. Aussi, pour conclure je ne puis vous conseiller qu'une chose, ami lecteur : allez-y voir, et si vous n'êtes pas content, si vous ne revenez pas enchanté, je consens à perdre mon latin ou à donner ma langue aux chiens.

De Compiègne à Saint-Jean-aux-Bois, par La Brevière, Sainte-Perrine et La Landeblin

(21 kilomètres)

Quand je vous dirai que vous allez faire une charmante promenade, à quoi bon ? Ne le sont-elles pas toutes dans cette merveilleuse forêt, si pleine de souvenirs, où chacun trouve sa pâture intellectuelle. L'archéologue y rencontre des ruines gallo-romaines, des monuments des temps féodaux, l'antiquaire aura peut-être la chance de ramasser à l'orifice d'un terrier, des morceaux de poterie rouge de Samos ou des monnaies d'Agrippa, qu'un lapin fureteur aura déterrés, l'amateur d'horizons sylvestres s'éprend des hêtres majestueux et préfère aux vestiges du temps passé, voire même à la chaussée Brunehaut, les deux belles routes macadamisées de Pierrefonds et de Crépy.

Aujourd'hui, contentons-nous de prendre cette dernière qui passe devant le carrefour des Arzilliers (1), où fut découvert, en 1826, un fort beau vase en bronze avec anses et torsades, et d'atteindre le poteau hectométrique 75. A droite, une route cailloutée conduit au gentil hameau de La Brévière, ainsi appelé, parait-il, à cause des grands oiseaux de proie qui venaient et viennent y nicher encore. L'histoire nous dit qu'en 1060, Philippe 1er ayant abandonné son palais de Cuise aux chanoines de Saint-Adrien de Béthisy, cessa de s'y arrêter, et fit bâtir à La Brevière, un château où il séjournait quelquefois. Philippe-le-Long y résida au mois d'août 1319, et les rois, ses successeurs, y possédaient un établissement pour la mue des cerfs et des daims. Un manoir construit par M. Paul de Royer, sur

(1) Chemin des porteurs d'argile.

l'emplacement de l'ancien, donne une certaine importance à cette agglomération de maisons proprettes, habitées par de paisibles boquillons et brioleurs.

L'hôtel des Étrangers, l'unique de l'endroit, fait croire à un plus grand centre de population et à tout un monde de curiosités à visiter. Il n'y a pourtant pas d'étang, pas de ruines, pas de pierres druidiques, mais en 1883, existaient deux chênes monstrueux, contemporains de Philippe-Auguste, que le chantre de la forêt, M. Duvauchel, avait surnommés Dagobert et Saint-Eloi, et qu'il avait sauvés pour quelque temps du couperet de la guillotine administrative. Quatre fours banaux, disséminés dans le hameau, servent aux habitants pour la cuisson de ces grandes miches de pain dit de ménage, à l'odeur si appétissante, qu'on ne trouvera jamais chez nos boulangers, parce que c'est trop simple à fabriquer.

Devant le château, passe un chemin carrossable, menant à la route de Crépy, que l'on descend jusqu'au poteau kilométrique pour prendre ensuite, à droite, la route macadamisée qui conduit à Sainte-Perrine.

Les bicyclistes peuvent s'engager dans un délicieux petit sentier qui se trouve en face l'hôtel des Étrangers et le continuer jusqu'à la rencontre d'un chemin de sable. Puis on tourne à gauche en avançant d'environ cinquante mètres pour gagner un pont de pierre ; de là on prend à droite et par un très pittoresque chemin jalonné de nombreux houx, on arrive au poste forestier de Sainte-Perrine.

C'était primitivement une communauté religieuse occupée par des bénédictines n'ayant souvent pas de quoi pourvoir à leurs plus pressants besoins, lorsque la reine Adélaïde, veuve de Louis le Gros, les tira de ce monastère pour les installer dans son vieux palais de Cuise, à Saint-Jean-aux-Bois. A la mort de celle-ci, Louis VII ayant pris sous sa protection la nouvelle fondation de sa mère, il y eut une telle affluence de novices qu'il fut forcé de défendre à Rosceline, première abbesse, d'en recevoir aucune avant que le nombre des professes eut été réduit à quarante.

Celles qui excédaient ce nombre furent envoyées dans l'ancienne maison par Perrine Ire qui avait succédé à Rosceline. Elle y fit construire une chapelle, dont on voit encore de fort beaux restes, en l'honneur de sa sainte patronne qui légua ainsi son nom au pauvre moutier. En 1240, saint Louis transféra les religieuses de Sainte-Perrine à Saint-Germain-lès-Compiègne et leur fit quelques donations. Revenues à Sainte-Perrine au XIVe siècle, elles retournèrent encore à Compiègne sous le règne de Louis XIII. Elles allèrent ensuite occuper une maison à la Villette, puis elles furent réunies à la communauté des filles de Sainte-Geneviève de Chaillot qui prit le nom d'Abbaye Royale des chanoinesses de Sainte-Perrine.

Le site est enchanteur. Les toits de

tuile rousse de l'ancienne abbaye, sa chapelle, les hauts arbres de son parc se mirent dans les eaux charmeuses de l'étang. Le silence solennel, imposant de la forêt n'est troublé que par les poules d'eau qui caquètent dans le fouillis des roseaux et des mâcres, au milieu des tiges flottantes des nymphéas, par un saut de carpe rayant la surface de l'eau ou par un vol de martin-pêcheur. La mort du cerf, dans ce cadre de verdure, avec les aboiements de la meute, les équipages et la foule assistant sur les deux rives à ce spectacle, forme un tableau qui n'est pas exempt de grandeur.

Auprès de l'étang, du côté de la route de Crépy, près le carrefour des Amoureux, on a trouvé en abondance des vitrifications, des tuiles à rebords et des poteries indiquant qu'il existait dans cet endroit, ainsi que dans beaucoup de parties de la forêt, d'anciens ateliers de verriers et de potiers gallo-romains.

De Sainte-Perrine au poste forestier

de la Landeblin, il y a trois chemins, un de voitures, un de piétons et un de bicy=clistes.

Pour le premier, prendre la route macadamisée jusqu'à celle de Crépy que l'on suit pour arriver au poteau hectométrique 90, au lieudit le carrefour des Etangs-de-Saint-Jean, s'engager ensuite à gauche dans le chemin de ce nom qui mène au carrefour des Naïades et entrer à droite dans le chemin de la Landeblin qui conduit au poste en question.

Pour le second, suivre la rive gauche de l'étang en face de laquelle pousse un des plus beaux chènes de la forèt, laisser le sentier qui tourne à droite et continuer toujours celui de gauche entouré de fougères. On arrive à un chemin de sable près d'un pont de pierre que l'on suit à gauche jusqu'au carrefour des Etangs-de-Saint-Jean où l'on jouit de la perspective de quatre superbes routes. On enfile le sentier à droite du chemin des Etangs-de-Saint-Jean, on admire en passant à cent mètres de là deux hêtres énormes qui font l'admiration des touristes et l'on débouche sur un chemin de sable longeant les murs du poste de la Landeblin.

Le 21 octobre 1853, e⁣ut lieu dans la forêt une grande chasse à courre à laquelle assistaient l'Empereur et l'Impératrice. Le rendez-vous était au carrefour du Tréan. Le cerf se fit prendre, après une lutte acharnée de sa part et après avoir éventré deux chevaux et nombre de chiens, dans la cour du poste forestier du parquet de la Landeblin.

C'est une propriété de dix-neuf hectares entourée de murs et louée pour la chasse. Entrez chez le garde, vous y boirez d'excellent lait tout chaud trait, ou bien de la *pommelotte*, espèce de cidre fabriqué avec les pommes et poires sauvages de quatorze arbres qui se trouvent sur la route en face son habitation, et coloré avec les fruits du prunellier ou du sorbier.

Si le cœur vous en dit, on vous fera sauter un lapin, vous goûterez de la soupe à l'écureuil, vous vous délecterez avec une salade assaisonnée d'huile de faîne, après quoi, suffisamment lesté, vous aborderez le chemin de Saint-Jean-aux-Bois bordé de chaque côté par des hêtres si élevés et si droits qu'ils forment comme de blancs piliers de cathédrale avec des voûtes en ogives.

Saint-Jean! tout le monde descend... de machine ou de voiture et va remiser chez Leroy ou Langelez, aubergistes. Puis, visite traditionnelle de la magnifique église du XIIe siècle, du tombeau de la reine Blanche, de la salle capitulaire, du four banal et de la porte fortifiée. A la sortie du village, on prend le premier chemin de sable à droite qui conduit, à 600 mètres de là, au carrefour de la Ruine où l'on aperçoit le roi des chênes de la forêt.

Probablement comtemporain de Louis VII dit le Jeune, ce vénérable ancêtre veut devenir millénaire pour faire honte à notre si courte existence. Son tronc est si gros qu'il faut six personnes, les bras allongés, pour l'entourer. Lui aussi, le vieux lutteur, plus fort que la mort, étend un bras d'une longueur démesurée comme s'il menaçait un ennemi invisible et voulait combattre le Temps qui l'assaille sans cesse.

Pour revenir à Compiègne, il faut aller jusqu'au carrefour du Bouquet-Colin, tourner à gauche, puis prendre à droite le chemin des Meuniers, qui conduit à la route de Crépy, où de nombreux lapins broutent les talus gazonnés pendant que le vacher de la Brevière, sonnant de la corne, mène paître son troupeau dont on entend tintinnabuler les joyeuses clochettes.

Carrefour de Victoire, Saint-Corneille-
au-Bois. — Point de Vue du Précipice. — Mont du Tremble. —
Avenue des Beaux-Monts.

(9 kilomètres)

Entrons dans la belle avenue Thiers,
nos Champs-Elysées, avec ses grands
frênes, bordée d'un côté par de superbes villas, par l'église anglicane et de
l'autre par le Grand-Parc où se donne
rendez-vous le monde élégant pour jouer
au tennis, au foot-ball, au golf ou au
polo, au milieu d'un massif d'arbres
verdoyants. C'est là, qu'on voit défiler
à l'heure du five o'clock les équipages
revenant du bois, les automobiles, les
bicyclettes, pendant que sur les allées
des bas-côtés se promènent les citadins
épris d'une locomotion moins rapide.

Voici le Rond-Royal, vaste place où s'est autrefois donné un caroussel, où se tirent les feux d'artifice de la fête annuelle, où s'installent les grands cirques américains de passage et qui donne accès au plus beau champ de courses, après celui de Chantilly. On passe devant le château des Avenues, habité par Mme la comtesse de l'Aigle, pour arriver au carrefour Royal. C'est l'orée de la forêt. Devant vous se dresse le poteau indicateur et s'ouvrent plusieurs routes séduisantes par la fraîcheur de leurs frondaisons. Ne vous laissez pas aller à somnoler sur les bancs, à l'ombre des marronniers, mais prenez le chemin de gauche qui longe une enceinte entreillagée, où le président de la République, M. Loubet, avait l'habitude de venir chasser, et marchez jusqu'au carrefour Gabriel, nom de l'architecte qui réédifia, en 1754, le château de Compiègne, où le roi Louis XV dépensa des sommes considérables.

On aborde en face, une route impénétrable aux rayons du soleil, formant un véritable dôme de feuillage, à l'extrémité de laquelle une éclaircie étincelante fait mieux ressortir l'assombrissement du premier plan, et l'on suit un sentier côtoyant une route de sable trop fatigante qui vous mène au carrefour de Victoire, prénom de la quatrième fille de Louis XV. Consultez le poteau indicateur, engagez-vous dans la route de Saint-Corneille à Saint-Corneille, traversez au carrefour d'Adélaïde, prénom encore d'une fille de Louis XV, une route macadamisée, suivez tout droit, enjambez une clôture que vous refranchirez à l'autre extrémité et vous parvenez au poste forestier de Saint-Corneille-au-Bois.

Coin perdu dans l'immensité verte, parmi les hautes futaies, loin des bruits de la ville, riant ermitage qui prête au recueillement, délicieuse oasis au milieu du brouhaha de l'existence ; les heures s'y écoulent douces et pures comme le mince filet d'eau glougloussant sous la

2

feuillée. Prieuré fondé au xii° siècle, réuni ensuite à l'abbaye de Saint-Corneille de Compiègne, il servit d'asile passager aux pèlerins, aux voyageurs et fut plus tard converti en une vénerie par François Ier. La chapelle qui date de la fondation et où, autrefois, se disait la messe pour les gardes forestiers d'alentour, subsiste encore, de même que les arceaux d'une belle voûte par laquelle on descend dans une espèce de cellier, entrée d'un souterrain communiquant, dit la tradition, à travers la forêt, avec l'abbaye de Compiègne.

On peut y boire du bon lait, manger des râbles de lapereaux entourés de papier beurré et cuits sur le gril comme des côtelettes de mouton, se régaler d'un plat de mousserons, de cèpes ou d'une omelette aux morilles. Peut-être assisterez-vous à la mort d'un cerf avec tout le cérémonial accoutumé, cet animal se faisant prendre assez souvent à cet endroit, comme un criminel poursuivi qui cherche à passer une de ses cornes dans l'anneau de fer autrefois attaché à la grande porte de la chapelle pour réclamer le droit d'asile inviolable.

Vous entrez dans le chemin qui se trouve à gauche de l'encoignure du mur d'enceinte et vous arrivez jusqu'au carrefour de Saint-Corneille. Vous prenez ensuite la deuxième route à gauche conduisant au Francport et traversez le chemin tournant qui mène au Vivier-Frère-Robert.

Les houx séculaires au piquant feuillage, teintent le paysage de leurs tons vert foncé ; tout autour se dressent des chênes à la forme imposante, des hêtres s'élancent de terre avec l'orgueil d'un vol pour conquérir l'air et l'espace.

La montagne des Beaux-Monts que l'on contourne présente ses flancs hérissés de troncs d'arbres, parmi lesquels le cerf vient ordinairement faire sa randonnée et où dévale la chevauchée des chasseurs dont les sonneries de trompes se repercutent d'échos en échos.

On pénètre dans le second chemin de

gauche après la route macadamisée, on escalade un sentier très escarpé qui va jusqu'au sommet du mont du Tremble, et près d'un bois de sapins, on s'engage dans la route de droite qui conduit au point de vue du Précipice.

Quel splendide panorama! Dans le bas, de chaque côté, les regards s'engouffrent dans les profondeurs boisées et parsemées de roches; la forêt tout entière se déroule à vos pieds et par des trouées ménagées exprès, vous embrassez d'un coup d'œil un immense tapis de verdure aux nuances variant du vert foncé au vert tendre. Les collines superposées les unes aux autres sont comme autant de vagues que ne trouble aucune brise dans cet océan verdoyant sur lequel le soleil flamboie.

Estompée par la vapeur chaude, dans le bleu lointain dont les tons se fondent, on aperçoit la large tache blanche du château du Francport, autrefois le monastère des Bons-Hommes, habité par M. le Marquis de l'Aigle, Ribécourt, la

tour carrée de Chiry - Ourscamps d'où
l'on découvre la collégiale de Saint-
Quentin, et l'élégant château de Sainte-
Claire qui a remplacé le couvent hospi-
talier fondé en 1234.

Par une autre embrasure se montrent,
encadrés dans les frondaisons, le joli
village de Rethondes où saint Drausin
avait bâti un monastère en 654, le château d'Offémont, ancienne demeure de
la marquise de Brinvilliers et Saint-
Crépin-au-Bois.

Au loin apparaît Vieux-Moulin avec sa
vallée enchanteresse, ses délicieuses
villas, son église charmante, et le pavillon des Célestins se profile sur le mont
Saint-Pierre-en-Chastres où César avait
établi son camp.

Vers la gauche, Compiègne scintille
avec ses monuments, ses églises ; Venette
darde la flèche aiguë de son élégant
clocher, tout fière d'avoir donné naissance au vieux chroniqueur Jean Fillion ; Jaux et Armancourt exhibent leurs

collines autrefois couvertes de vignobles produisant un vin renommé.

Malgré tout le plaisir que l'on ressent à contempler cet incomparable tableau, il faut pourtant songer à revenir et à reprendre la route qui conduit au carrefour du Précipice, en emportant avec soi des sensations inoubliables.

Par un joli, sentier qui se trouve à droite de la route des prés de l'Ortille, on descend dans un bois de sapins aux senteurs balsamiques, à travers les fougères, en laissant sur sa droite, à cinquante mètres environ, le fameux cèdre du Liban, dont les belles pommes vertes excitent la convoitise de chacun.

Parvenus à l'extrémité du sentier, vous vous engagez en face dans une gorge profonde, encaissée par de hauts talus escarpés et agrémentés de roches, ressemblant au lit desséché d'un torrent dont le fond est recouvert d'une épaisse couche de feuilles mortes. C'est un endroit sauvage et très propice pour une embuscade, le décor s'y prête merveilleusement, il n'y manque que des brigands, race disparue depuis le célèbre Oudin Véron, dernier spécimen.

Vous traversez la magnifique avenue percée par ordre de Napoléon Ier, allant du château à la montagne des Beaux-Monts, qu'on voulait surmonter d'un temple romain dédié à la Victoire, au-dessus duquel on eût placé un observatoire comme au Puy-de-Dôme. L'édifice se fut appelé palais d'Iéna.

En face, vous prenez la route du mont des Cornaillers au carrefour de Victoire, vous passez devant les Vineux, agréable poste forestier, où vous trouverez d'excellent pain de ménage avec tout ce qu'il faut pour se désaltérer, vous arrivez au carrefour du Chêne-Vert et par celui de Victoire, vous rentrez au logis, ayant goûté le bien-être, senti les caresses des brises et vu une infinité de tableaux variés.

Tout vous a impressionné : le vol d'un oiseau, le bruit causé par un chevreuil s'échappant d'un hallier, la musique de l'air dans les sapins, l'ombre des nuages que le vent promène, jusqu'au tac-tac mystérieux produit par le pic dont le long bec frappe les vieux arbres à coups redoublés.

De Compiègne au Four-d'en-Haut et St-Nicolas-de-Courson, en passant par Vaudrampont et les Petits-Monts.

(27 kilomètres)

On va chercher bien loin, parce qu'on les ignore, des sites pittoresques qui se trouvent en abondance dans notre belle forêt si peu connue et méritant cependant de l'être davantage.

Elle est incomparable par la diversité de ses aspects, ses vestiges de l'antiquité, ses monuments anciens, ses villages, ses hameaux, ses étangs, ses mares, ses fontaines qui donnent à sa parure d'émeraudes encore plus de charme et de fraîcheur.

Peut-on trouver plus délicieux hameau que Vaudrampont (1) auquel on accède

1. Ou vallée de la rampe, de la descente.

en suivant la route de Crépy jusqu'au poteau hectométrique 101, Vaudrampont blotti dans la clairière, ainsi qu'en son hallier un liteau de chevreuil, nid de pigeons bisets, cachette d'écureuils, dit Léon Duvauchel qui a baptisé son auberge du nom engageant de *Bon-Accueil*? Dans ce riant milieu, avec sa façade blanche et réjouie, avec son enseigne en forme d'écusson armorial se balançant au-dessus du seuil et représentant l'arrivée d'un touriste, avec son hôtesse accorte, elle n'a pas sa pareille dans les environs.

Rendez-vous des gardes-forestiers, des boquillons, des clapeurs et des brioleurs, elle est surtout fréquentée par les promeneurs qui viennent y déjeuner en face, sous un plafond de verdure soutenu par deux gigantesques piliers formés d'un hêtre et d'un chêne d'une grosseur extraordinaire. Les repas y sont plantureux, les rires sonores, et l'appétit triplé par l'air qu'on y respire, fait trouver n'importe quelle nourriture meilleure que les mets les plus raffinés servis dans une salle à manger aux lambris dorés.

A côté se trouve une bien ravissante villa appartenant à M. Louis de Royer, qui a placé au-dessus de la porte d'entrée un cartouche représentant Jeanne d'Arc, avec les dates de 1412-1431. C'est sans doute pour perpétuer le souvenir du passage de l'héroïne qui, dans la nuit du 23 mai 1430, venant de Crépy, traversa, non loin de là, la forêt pour voler au secours de ses bons amis de Compiègne assiégés par les Anglo-Bourguignons. Plus loin, un gentil poste forestier avec son enclos, forme la troisième et dernière habitation du hameau qui possède encore, comme curiosité, sur la route de Champlieu, un énorme chêne d'une hauteur de vingt-cinq mètres jusqu'aux premières branches.

A citer aussi en face le *Bon-Accueil*, un riant sentier qui communique avec le village de Saint-Jean-aux-Bois. Serpentant le long de la clairière, bordé de gazon comme dans un parc, entouré de fougères et de bouleaux, il est propice aux entretiens discrets et prête à la rêverie avec son pont rustique jeté sur un ru aux tortueux méandres.

En continuant la route de Crépy, on entre dans la région montagneuse, la plus belle partie de la forêt. Devant vous, à droite, se dressent les hauteurs que nous appelons avec orgueil les Grands-Monts, couverts de rochers moussus étagés sur ses flancs escarpés; à gauche, des gorges et fondrières montrent leurs profondeurs verdoyantes

Arrivé au carrefour d'Angivillers situé au poteau hectométrique 114, on prend la route de gauche, et sur la cime des Petits-Monts, l'œil plonge dans des précipices aux pentes ardues qui se succèdent sans interruption sur un assez long parcours. A l'extrémité de cette route, au carrefour Girardin, on aperçoit dans le lointain, à travers une trouée dans les arbres, les villages de

Royallieu et de Lacroix-Saint-Ouen nageant dans les vapeurs blanchâtres de l'horizon.

La route tournante du Four-d'en-Haut vous mène peu après à un magnifique point de vue. On a devant soi, au dessus des futaies ondulantes, le mont des Singes, le château des Bons-Hommes, la montagne de Saint-Crépin, à droite, le mont Ganelon, le village de Clairoix, Compiègne, en face, à gauche, la montagne de Jonquières, tout à côté, les Grands-Monts, les toits des maisons de Saint-Jean-aux-Bois, et sur sa tête, l'azur du ciel transparaît à travers les hautes branches, ainsi que les nuages errants qui changent les nuances du paysage.

A la bifurcation de plusieurs chemins, engagez-vous dans celui de gauche, traversant un site sauvage, près d'une ancienne carrière aux blocs énormes qui a dû servir autrefois à construire les maisons des hameaux voisins et gagnez le carrefour du Four-d'en-Haut. Vous continuez à côtoyer des précipices dont les déclivités arides et rocheuses sont flanquées de gros hêtres aux troncs noueux et tordus, aux branches contorsionnées et fantastiques.

Après avoir suivi le chemin tournant au chemin de Villers-Cotterets pendant environ trois cents mètres, on pénètre à gauche dans la route tournante qui conduit au hameau du Four-d'en-Haut, ainsi nommé à cause d'une verrerie dont l'existence est mentionnée dans une ordonnance de Charles VI. Ce roi, comme encouragement dans une entreprise utile, donna à Raynaud Coquerel non seulement les droits d'usage et de pâturage, mais encore le terrain et le bois accessoires pour bâtir, au lieu dit la Fortelle, un four à verre appelé depuis ce temps le Four-d'en-Haut. Cette concession ainsi que les droits d'usage et de pâturage furent confirmés à Oudin Coquerel, petit-fils du premier, par lettres de Charles VII, données à Lévignen, le 11 mars 1441. Ce droit de

prendre le bois nécessaire à la consom-
mation du four-à-verre a été supprimé
par arrêt du 15 juin 1532 (1).

En 1591, le Four-d'en-Haut apparte-
nait à Abdénago de Cochet, écuyer.

Une construction, aujourd'hui ruinée,
datant du règne de Charles VI, portait
le nom de Loge-Lambert. Elle consiste
en un bâtiment flanqué de deux poi-
vrières et en des débris d'un escalier,
avec une porte surmontée d'un arc de
décharge. L'imagination populaire rem-
plissait ces ruines de spectres proposant
aux passants des énigmes à la manière
du sphinx de l'antiquité. Le tout dépendait du territoire de Morienval. De tous
les établissements qui couvraient cette
colline si peuplée lors de l'invasion et
où l'on a rencontré beaucoup d'ojets
antiques, il ne reste plus actuellement
que treize maisons et vingt habitants.

Pendant que les voitures prennent le
chemin à droite de la Loge-Lambert,

1. Caillette de L'Hervillers.

les piétons suivent, à gauche, un sentier qui traverse la route macadamisée de Morienval et conduit directement à Saint-Nicolas-de-Courson, à travers une poussée de hêtres aux jets élancés.

Aujourd'hui poste forestier (1), le prieuré de Saint-Nicolas, dont on aperçoit le faîte de l'ancienne chapelle romane au-dessus des arbres qui entourent son vivier séculaire, passe pour une des plus anciennes maisons religieuses du Valois et dépendait de l'abbaye de Marmoutiers depuis 1632. C'est une construction du XIIIe siècle, dont une des façades conserve encore des ouvertures ogivales et une frise formée de feuilles entablées. Transformé en habitation, cet édifice a subi de nombreuses mutilations qui lui ont

1. On a trouvé dans les dépendances de la maison de garde, établie dans les bâtiments de l'ancien prieuré de Saint-Nicolas-de-Courson, une vasque circulaire en pierre ayant sans doute servi de bénitier et que décore extérieurement un ecusson du XVIe siècle suspendu à une boucle et portant trois porcs-épics ou trois sangliers contournés.

ôté tout son caractère. C'est un logis de poète et de philosophe ce vieux monastère aux vastes proportions, aux larges greniers, avec son grand clos au bout de l'étang envahi par les roseaux, les logis des trois gardes et les trois chaumières délabrées abandonnées des bûcherons qui ont fui cette solitude verte.

Par sa situation au fond d'une gorge profonde, entre la Tête-Saint-Jean et les Petits-Monts, au milieu d'épais massifs de verdure, il offre, dit **M.** le comte de Marsy (1), plus d'intérèt au poète et à l'artiste épris de pittoresque qu'à l'archéologue. Les caves ont cependant conservé quelques débris de colonnes et l'on y rencontre, ça et là, des traces d'architecture datant de l'ancien prieuré. On y retrouve la vieille chaussée Brunehaut qui passe au Four-d'en-Haut, mais ici elle est plus accusée, mieux conservée, et sur tout son parcours on

1. *Excursions archéologiques*, p. 153.

trouve des substructions, de nombreuses habitations recélant des richesses gallo-romaines.

En longeant le poste forestier, on parvient à la fontaine Saint-Jean dont les eaux accumulées en une mare descendent en cascades de la montagne, et, au milieu du paysage accidenté, égrènent leur chanson monotone à travers des racines, sur un lit de cailloux et de sable.

Au retour, prendre la route du Pont-Cardon jusqu'au carrefour des Naïades, ces divinités sylvestres qui se plaisent près des ruisseaux, des lacs, des fontaines et font soupçonner la présence d'un étang voisin. Continuer le chemin du Pont-Cardon à celui des Plaideurs, et rejoindre ensuite la route de Crépy, après avoir passé devant Malassise, coquet hameau dont on voit les maisonnettes aux toits de tuiles rouges qu'entourent des buissons de viornes et de prunelliers sauvages. Agréablement situé dans une prairie arrosée par le ru

des Planchettes, c'était une seigneurie
qui dépendait autrefois de l'abbaye de
Royallieu.

On rentre chez soi chargé de bottes
de fougères qu'on s'est ensanglanté les
mains à cueillir, on a folâtré par les
sentiers ombreux, on s'est grisé de la
sève des plantes, roulé sur la mousse
sous les branches pendantes, et on a
passé à écouter le bavardage des oiseaux
un temps qu'on ne regrette pas.

Le carrefour du Puits-du-Roi. — Le
camp de Champlieu. — Le village
d'Orrouy. — Le hameau des Eluats.

(30 kilomètres)

C'est véritablement une belle entrée
de forêt que le carrefour Napoléon,
consacré au souvenir d'un souverain
dont Compiègne était le séjour de pré-
dilection, et auquel on doit les fouilles
archéologiques exécutées sous la direction de M. Albert de Roucy, au mont
Berny, à la Carrière-du-Roi, à Champlieu, etc. Tout près d'un quartier aristo-
cratique, donnant accès aux châteaux
des comtes de l'Aigle et Foy, bordé par
le chemin de Royallieu, le boulevard
Gambetta, la rue Saint-Lazare, l'avenue
Marigny, par un pittoresque poste
forestier, devant lui s'ouvrent les deux
superbes routes de Pierrefonds et de

Crépy, ainsi que celle du Moulin ou du Puits-du-Roi.

Cette dernière conduit directement aux carrefours des Bordages, de la Petite-Patte-d'Oie, du Vol et à celui du Puits-du-Roi. Appelé sous François Ier carrefour des Routes, et ayant sous Louis XV changé de dénomination à cause d'un puits qui existait alors pour les besoins de la vénerie, avec ses huit immenses routes en étoile ayant seize mètres de largeur, du Moulin, de Royallieu, du Carnois, du Pont-la-Reine, de Champlieu, de Morienval, de la Mariolle et de Berne, se prolongeant jusqu'aux extrémités de la forêt, avec ses vieilles futaies, sa hutte dont la haute cheminée garde encore la large plaque noircie aux armes de France et de Bourbon, c'est le plus remarquable des rendez-vous de chasse.

Sur ce sol foulé par nos rois, on respire du passé un mystère insaisissable, mais qu'on sent planer à l'entour de soi, sous ces arbres que tant de robes parfumées à la maréchale, tant de tresses blondes sous des tricornes bleu de roi ont frôlé au passage, on a la vision d'une chevauchée de dames aux couleurs chatoyantes, de carrosses somptueux et de toute une foule bigarrée de princes et de princesses.

Le 2 juillet 1769, Louis XV vint y chasser deux sangliers dont un fut pris près de Longpont.

Le 26 mai 1828, Charles X y donna une grande chasse ou un houraillement, à laquelle assistèrent le roi et la reine de Naples, le prince de Salerne et la famille royale de France.

Le 16 novembre 1838, les ducs d'Orléans et de Nemours partant pour la chasse à courre, assistèrent au rendez-vous du Puits-du-Roi.

Le 5 novembre 1844, les ducs de Nemours et d'Aumale, le prince de Joinville, la duchesse de Nemours et la princesse de Joinville se rendirent à ce carrefour pour y débusquer un cerf qui fut pris au mont Saint-Mard où eut lieu la curée.

Le 10 novembre 1845, le roi Louis-Philippe accompagné de la reine, des princes et des princesses de la famille royale, parut à cet élégant lieu de rendez-vous avec une brillante escorte.

Pendant les séjours habituels de Napoléon III, l'uniforme de chasse adopté était le même que celui de la vénerie de Louis XV, et les rendez-vous étaient, la plupart du temps, fixés au Puits-du Roi où de partout affluait une multitude de curieux avides de contempler ce divertissant spectacle.

Du Puits-du-Roi on arrive en droite ligne au carrefour du Relancé, en suivant un chemin traversé par un pont de pierre et qu'entourent de chaque côté des marécages remplis de hautes herbes dans lesquelles se vautrent des bandes de sangliers.

En prenant à gauche, au pied d'une butte appelée les *Gendarmes*, la route des Eluats, on arrive au carrefour du

Dragon, en souvenir sans doute d'un de ces affreux monstres qui aux temps fabuleux désolaient la forêt et que Jehan d'Avesnes, dit le chevalier aux armes vermeilles, transperça *d'oultre en oultre* de sa lance, ainsi que nous le raconte Jehan du Quesne, écrivain du XVe siècle. Maintenant, le tableau varie : les marais font place aux fougères touffues où se cachent les chevreuils ; çà et là, un gros tronc noueux aux branches convulsionnées s'élance à perte de vue, et le silence de cette solitude n'est troublé que par les clapotis d'ailes de corbeaux ou de ramiers.

Nous voici au carrefour d'Hébé, déesse de la jeunesse. A droite, s'étend la route conduisant au village de Lacroix-Saint-Ouen, qui doit son origine au roi Dagobert et près duquel se trouve le cimetière gallo-romain du mont Chyprès, visité le 7 décembre 1868 par Napoléon III.

Au carrefour de la Michelette, on continue la route des Éluats, long et interminable ruban entouré de fossés remplis d'eau que coupent des chemins infréquentés, humides et embroussaillés. La route monte jusqu'au carrefour l'Ermite, tourne au milieu d'une région sauvage sillonnée de jolis sentiers se perdant dans les hauteurs et vous mène sur les Grands-Monts, au carrefour des Éluats.

Au-dessus des gorges profondes dont les pentes ardues sont escaladées par des arbres chétifs, une belle perspective vous fait embrasser les masses de verdure de la forêt, et tout le long du chemin des Tournelles jusqu'au carrefour des Grands-Monts, les hêtres, aussi drus que dans un champ de maïs, sont d'une belle envolée.

En poursuivant jusqu'au carrefour des Tournelles, on gagne peu après la lisière de la forêt et l'on débouche tout à coup sur un vaste plateau où l'on aperçoit les belles ruines du camp de Champlieu. Assise sur les bords de la chaussée Brunehaut, grande voie romaine qui reliait Champlieu à la ville du Mont-Berny et conduisait de Senlis à Soissons, cette station contenait les légions destinées, sous le règne de Valentinien III, à maintenir la tranquillité dans le pays des Lètes Sylvanectes. Ces soldats romains séjournaient d'une façon permanente dans cette enceinte, qui représentait un carré long de 600 toises sur 200 de large. Attirée par leur présence, une multitude de vivandiers, de marchands, de potiers s'était installée aux abords de leur camp et avait donné naissance à une bourgade dont on retrouve les nombreux vestiges, notamment au carrefour des Tournelles et le long de la route du Cor.

D'un côté de la voie antique, des débris de corniches, des chapitaux doriques, des tronçons de colonnes cannelées, ou en écailles, ou en feuilles de palmier, des pilastres avec ornements variés, soit à feuilles d'acanthe, soit à petites feuilles de plantes aquatiques, représentent les ruines d'un temple magnifique, probablement dédié à Mercure, et dont la construction remonte à l'époque des Antonins.

De l'autre côté, une éminence qu'on nommait le *Fer-à-Cheval,* nous montre les restes d'un théâtre considérable, encore bien conservé, dont les gradins pouvaient contenir trois mille spectateurs et qui avait été élevé deux siècles plus tard que le temple. Trois gradins de pierre d'inégale largeur s'étendent devant le *proscenium* où était établi le plancher en talus ou *pulpitum* sur lequel, à bonne portée de voix, les acteurs récitaient les œuvres comiques ou tragiques.

Du reste, l'acoustique en était excellente, extraordinaire même, à tel point que le peuple, frappé de ce phénomène, avait nommé cet emplacement le *Champ des Ouïs*. Il est question d'y donner des représentations de pièces imitées de l'antique, comme cela se fait fréquemment à Orange ou à Nîmes.

Pour la première fois, le dimanche 8 juillet 1906, les principaux artistes de la Comédie-Française y ont joué le *Cyclope* et *Iphigénie en Aulide* (1).

Près du théâtre, un établissement de bains a été retrouvé en assez bon état, avec ses hypocaustes destinés à fournir l'eau chaude et la vapeur, ses salles du *Tepidarium*, du *Caldarium*, du *Laconicum* où l'on aperçoit l'assiette des fourneaux presque détruits, et avec celle du *Frigidarium* dans laquelle existe intacte une belle vasque en pierre de liais. Il présente sur les façades antérieure et extérieure les vestiges d'une colonnade que précédait une cour entourée d'un portique.

Quand les armées romaines furent

(1) L'administration des forêts vient de terminer une importante route qui conduit de l'Etoile-de-la-Reine au théâtre romain de Champlieu. Décidée à la suite de la représentation du 8 juillet 1906, et immédiatement exécutée, il faut espérer qu'elle contribuera à assurer de nouvelles fêtes dramatiques dans ce cadre merveilleux qui a été complété ce dernier hiver par une plantation faite par le service forestier, sur les conseils de l'administration des beaux-arts pour servir de fond à la scène. La plupart de ces plants sont d'essence très particulière et ont été spécialement choisis dans l'arboretum de l'Ecole forestière des Barres (Loiret).

chassées de la Gaule, la population démolit les monuments dont nous venons de parler et s'empara des matériaux pour bâtir à l'endroit même où elles avaient campé, un village qui fut appelé Champlieu, du latin *Campi locus*. L'église de ce village dont on ne voit plus que les ruines avait été édifiée avec des pierres enlevées au *Fer-à-Cheval*. Dédiée jadis sous l'invocation de la vierge Marie qu'on y honorait d'un culte tout particulier, elle fut écrasée par la foudre, il y a environ une centaine d'années. Sur le portail, formé d'une arcade ogive à trois rentrants, on lit autour du tympan cette inscription : *Respectatur in hoc templo veneranda Marie (sic) quam rosa pulchra magis matris imago Dei.*

Tout près de cette église existait un ancien prieuré dans le terrain duquel on découvrit une tombe à couvercle orné de feuillets sculptés où se trouvaient de petits vases lacrymatoires et des médaillons en bronze à l'effigie de

Dioclétien. Un grand nombre d'autres tombes furent dégagées, renfermant des squelettes dont quelques-uns d'une grandeur démesurée auprès desquels se trouvaient des débris de fer de lances, des sabres, des boucles de ceinturons, des fibules et des agrafes en bronze plaqué d'un métal argenté.

On recueillit, en outre, des armures et plusieurs casques en fer, une quantité considérable de poteries en terre rouge d'une exécution remarquable et de plus une coupe portant cette inscription : *Ambiani.*

Par un chemin abrupt et bordé du côté gauche par d'énormes blocs de pierre enchâssés dans la terre, on descend dans le charmant village d'Orrouy situé à l'entrée de la gorge des Éluats. L'église, dont le clocher quadrangulaire est remarquable par la variété de l'ornementation est dédiée à saint Remy et à saint Charles Borromée. Elle possède une cloche provenant de Champlieu qui porte le millésime de 1503, ainsi que des

vitraux magnifiques, dont quelques-uns
représentant saint Armand, sainte Ber-
the et autres sujets religieux, portent la
date de 1542.

L'église paroissiale d'Orrouy est fort
intéressante; le sol environnant est plus
élevé que celui de l'église, en sorte
qu'il faut descendre sept marches pour
pénétrer dans ce monument religieux.
La nef présente des modillons à figures
grimaçantes et des têtes d'animaux, elle
est peu éclairée; le chœur est carré
dans une abside ronde, il est voûté et les
clefs de voûte sont ornées de penditifs
et d'écussons effacés. Des fenêtres ogivales tertiaires sont garnies de beaux
vitraux portant la date de 1542; ils représentent des scènes de la Passion, les
disciples d'Emmaüs, saint Antoine, saint
Michel, la chaste Suzanne, puis quelques
écussons dont un est d'azur avec deux
roses. On y voit des pierres tombales
dont les inscriptions sont effacées : l'une
d'elles serait la sépulture de Mathieu
Dobel et de Nicole de Vienne, sa femme,

inhumés en mil V^e... Le maître-autel présente à son retable une scène de la Passion ; à l'entrée du chœur existe un rouet de sonnerie fort curieux ; cet appareil servait à prévenir les fidèles au moment de l'élévation ; il est rare d'en rencontrer encore dans les églises, c'est le second que nous connaissions.

Au-dessus du portail, s'élève un clocher carré d'époque romane, à trois étages ; il contenait trois cloches parmi lesquelles était la cloche de l'église de Champlieu transférée à Orrouy. Elle portait la date de 1593, puis cette inscription : *Marie suis nommée par Remi de Brion...*, etc. (1).

Le château du comte Doria qui avait jadis une chapelle particulière, est flanqué de quatre tourelles qui lui donnent un air moyen-âgeux. Placé au centre du village, ce castel, riche musée de peinture, tout rempli de tableaux de Corot,

____

1. *Tablettes d'Histoire locale,* par E. Coët, 1er vo lume, page 183.

3

de Théodore Rousseau, de Dobigny, de Millet, jouit de charmants points de vue qui s'étendent au loin sur la riante vallée d'Automne.

On revient par le hameau des Éluats, écart dépendant de la commune d'Orrouy, vallon étroit et sinueux où florissait jadis un manoir fortifié et où maintenant s'aligne de chaque côté de la route une vingtaine de masures, aux chaumes délabrés, véritable régal d'artistes.

On franchit le poste forestier de l'Étoile-de-la-Reine, le carrefour Madame, celui de Diane, déesse de la chasse; on plane sur les hauteurs des Grands-Monts que l'on redescend jusqu'au hameau de Vaudrampont, et l'on gagne la route de Crépy, en emportant avec soi un souvenir ineffaçable de ces vieux monuments que le flot romain, en se retirant, a laissés sur nos terres, débris imposants, proclamant la grandeur du peuple-roi.

La Faisanderie. — La Muette.
Les Mares-Saint-Louis

(16 kilomètres environ du Rond-Royal)

Aller jusqu'au second rond-point situé à l'extrémité des Grandes-Avenues, prendre la route Gabriel conduisant au carrefour de ce nom et suivre celle de la Mare-aux-Canes au carrefour d'Épernon, semblable à une voûte creusée en pleine verdure, tel est le début de l'itinéraire à parcourir. Parvenu au chemin macadamisé des Vineux à Choisy-au-Bac, virer à droite et continuer jusqu'au carrefour de la Faisanderie où se trouve l'entrée d'un important établissement fondé par Louis XIV à qui nous devons l'introduction des faisans en France.

La Faisanderie fut successivement agrandie sous Louis XV, sous Napoléon en 1807, et sous Charles X, surnommé quelquefois le Grand-Veneur, qui fit élever au-dessus du corps de logis principal un étage servant de salle de réception, lors des rendez-vous de chasse. On y reçoit chaque année une énorme quantité d'œufs de fourmis recueillis dans les forêts d'alentour pour la nourriture de plusieurs milliers de faisans et de perdrix grises ou rouges dont l'éducation demande des soins constants. Deux gardes forestiers habitent les deux pavillons qui se trouvent de chaque côté de l'entrée conduisant aux bâtiments affectés à l'élevage et son enceinte comprenant trois cent onze hectares trente-sept ares, qui était autrefois louée par l'État à un riche propriétaire, après avoir été réservée quelques années, ainsi que celle du grand parc, pour les plaisirs cynégétiques du Président de la République, M. Loubet, et de ses invités, est actuellement louée à M. Laguionie, directeur des magasins du Printemps.

S'engager ensuite dans la route de Pierrefonds, la troisième à gauche, et après avoir longé le treillage de la Faisanderie, atteindre le carrefour Morpigny où se trouve, à droite, le chemin des Mares-Saint-Louis, qui mène au carrefour de Normandie, puis à celui du Chevreuil. A cet endroit, la route appelée octogone, toute teintée de verdure, conduit au carrefour d'Aumale, remarquable par un amas considérable de fougères et de bruyères poussant de toutes parts sur un sable uniformément blanc et rebelle à toute autre végétation.

On arrive enfin à cette fameuse route de la Mariole qui n'a pas moins de dix mille cinq cent quarante et un mètres de développement et dont le long ruban se déroule à travers toute la forêt jusqu'à Neuf-Fontaines, en ligne très droite. Là, plus de frondaisons épaisses, plus de belles futaies, plus de hêtres au tronc lisse, plus de chênes à l'écorce rugueuse. Ce ne sont que marécages recouverts de roseaux, que bruyères en fleurs, du milieu desquelles émergent quelques rares touffes de bouleaux chétifs, et qu'espaces dénudés se prêtant difficilement aux plantations de taillis. C'est un sol aride et désolé, un Sahara en miniature.

Au carrefour de la Muette, apparaît, juché sur la crête d'une colline à gauche, le poste forestier de ce nom, qu'on appelait autrefois Bruyères-la-Muette. C'était primitivement un *palatium* ou villa royale de chasse, servant de séjour aux rois chevelus mérovingiens, qui s'y livraient à leur plaisir favori, faisant résonner les échos du bruit de leurs trompes, des hurlements de leurs molosses, et cinglant l'air de leurs flèches et de leurs épieux.

Au moyen âge, une autre construction ayant été substituée à la villa mérovingienne, les faucons qu'on employait alors pour la chasse au vol, y étaient enfermés et soignés, spécialement vers

le mois de novembre à l'époque de la
mue, période critique pendant laquelle
ces oiseaux ont besoin d'être tenus
dans une douce température. D'où le
nom de *Muette* donné à cet établissement qui fut habité ensuite soit par un
officier de la capitainerie, soit par un
équipage de chasse et où les gardes
forestiers étaient tenus de venir déposer
les mues ou bois de cerf qu'ils trouvaient dans la forêt.

Bâti sur le mont Grésin (1), le château
de la Muette constituait une vénerie
sous François Ier ; il avait tout à fait
l'aspect d'une forteresse avec un pont-
levis, des fossés et des murailles, pour
protéger l'enceinte. Lorsque les bâtiments tombèrent en ruines, Louis XIII,
en mars 1643, ordonna leur reconstruc-
tion. Les murailles relevées formèrent
une enceinte flanquée aux angles de
quatre tourelles carrées, munies de

1. Vient de grès, montagne à grès.

meurtrières et surmontées d'un toit aigu en forme de poivrière. Une porte charretière voûtée donnait accès dans la cour, au centre de laquelle s'élevait un corps de logis avec étage dont la façade était munie d'un *moucharaby*, sorte de balcon percé d'ouvertures qui permettait de surveiller et de défendre l'approche de la vénerie.

Le plateau occupé par la Muette est d'origine ancienne. On y a découvert au siècle dernier des haches en bronze et des lingots qui ont fait supposer qu'il y avait eu là une fonderie ou un atelier de fabrication d'instruments en bronze. On y a recueilli aussi des fragments de silex taillé attestant que le mont Grésin était habité à l'époque préhistorique.

Pour rappeler l'époque de la construction de la Muette et les noms des officiers qui y prirent part, une plaque en marbre bleu, placée au-dessus de la porte d'entrée portait, gravée en lettres d'or, l'inscription suivante :

Du règne de Louis XIII, roi de France
et de Navarre
et de l'ordonnance
de Messire Dominiqne de Ligny,
chevalier, seigneur de Marcilly, conseiller du Roy,
en son Conseil d'Etat,
et Grand-Maitre des Eaux et Forests de France,
cette Muette fut bastie
par l'exprès commandement de Sa Majesté
pour la conservation de ses plaisirs
en la forest de Cuyse-lès-Compiègne,
l'an 1643.

Près de la Muette (1), sur la partie inclinée du mont Grésin, existait la mare de Beauval, sorte d'étang que fit creuser Esmangard de Beauval, capitaine des chasses sous Louis XIV, et qu'il fit empoissonner. De cette mare, qui avait alors cent mètres de longueur, sortait le *ru du Pain-Cher*, se dirigeant vers le carrefour du Puits-du-Roi, de là au Vivier-Corax, pour tomber dans le ru des Planchettes, puis dans la rivière d'Oise, par la rive gauche (2).

1. Près de la Muette, existaient les ventes de l'Arbre-Madet, dit le Blanchereau, les ventes du Cheval-Noir et les ventes du Pont-de-Palesne.

2. *Tablettes d'Histoire locale*, par E. Coët.

La Muette sert maintenant d'habitation à deux gardes forestiers et, sans deux tourelles qui subsistent encore, un écusson armorié encastré dans la façade, un *moucharaby*, des plafonds à caissons, de vieilles plaques de cheminées aux armes de France entourées d'un collier de rocailles, ainsi qu'un puits profond d'une forme particulière, situé dans le bas du mont Grésin, rien ne viendrait rappeler son antique origine.

En sortant du poste forestier, il faut aller jusqu'au carrefour du mont Grésin qui se trouve en face la porte d'entrée et prendre la route Rivié au chemin de Crépy (ainsi nommée en souvenir d'Etienne Rivié, grand-maître des eaux et forêts de l'Ile-de-France), jusqu'au carrefour du Jet-de-Pierre. Puis on s'engage dans le chemin de la Muette au carrefour du Parquet-du-Bois, en suivant un parcours ressemblant à un sentier, aux montées et descentes continuelles, envahies par les herbes, inaccessible aux voitures, borné de chaque côté par une infinité de bruyères, de fougères et de bouleaux aux troncs argentés.

On passe au carrefour des Mares-Saint-Louis, en continuant toujours la route de la Muette, à droite de laquelle on aperçoit une charmante mare ombragée d'arbres qui se reflètent dans son eau trouée par un bouquet de roseaux, délicieux paysage modeste-ment caché dans la futaie. A cent mètres de là, sur la route de Pierrefonds, on atteint le carrefour du Parquet-du-Bois où existent, en remontant vers la droite, deux autres mares de moindres dimen-sions que la première et dont le groupe entier est connu sous le nom de Mares-Saint-Louis. Elles sont fréquentées par les cerfs qui, habitués à se désaltérer de leur eau, viennent y mourir lorsqu'ils sont sur leurs fins, après une randonnée fantastique, ayant à leurs trousses la meute de M. de Chézelles ou celle du prince Murat.

En suivant, à gauche, la route de

Pierrefonds, on revient à Compiègne, véritablement empoigné par le spectacle grandiose de la forêt dont la poésie est comparable à celle de la mer, qui, comme elle, recouvre dans ses profondeurs boisées tous les drames et toutes les horreurs de la lutte pour la vie et qui prodigue ses tons et ses teintes, les changeant d'un moment à l'autre d'après les saisons, l'éclairage et le soleil.

La futaie des Beaux-Monts. — Le domaine de l'Ortille. — La croix du Saint-Signe.

(13 kilomètres environ du Rond-Royal)

Les premières étapes de cette promenade sont successivement le carrefour Royal, celui de Gabriel, de Victoire, la route du mont des Cornaillers aux Beaux-Monts, le carrefour du Chêne-Vert, le poste forestier des Vineux (1) et l'avenue des Beaux - Monts, cette magnifique percée que leurs Majestés impériales de Russie ne se lassaient pas d'admirer du haut du péristyle du château, lors de leur séjour à Compiègne. La vue se perd sur le sommet dénudé de la colline et sur les beaux massifs d'arbres qui l'entourent de chaque côté.

1. Ou des Vignes.

L'ascension se fait jusqu'à mi-côte par la route Eugénie, conduisant vers la droite, dans la vieille et splendide futaie des Beaux-Monts, de plus de deux cents hectares, qui n'a peut-être pas d'égale en France, ni même en Europe, et où les chênes énormes s'élevant à une hauteur prodigieuse, font l'admiration de tous les visiteurs.

Vieux témoins des siècles passés, derniers spécimens de plus en plus rares de l'antique et sauvage forêt de Cuise, ils sont conservés religieusement à titre de champ d'étude pour les artistes et comme de véritables objets de musée. En les voyant, on ne peut s'empêcher de songer que, sous leurs mystérieux ombrages, les druides accomplissaient des sacrifices humains et faisaient la cueillette du gui sacré, que les Gaulois, dans leurs profondeurs impénétrables, se dérobaient à César campé tout près de là, sur le mont Saint-Pierre-en-Chastres, et que dans l'obscurité de ces bois guettant les traces des animaux rapides, ils lançaient leurs javelots aux flancs du sanglier, leur nourriture habituelle. Le paysage est encore embelli par une grande quantité de houx séculaires qui poussent sous ces grands arbres et dont le luisant feuillage toujours vert, pointillé de baies rouges, produit un assemblage de couleurs du plus heureux effet.

On atteint, par la nouvelle route tournante, le plateau des Beaux-Monts d'où l'on jouit du côté de Compiègne, d'un coup d'œil grandiose, qui n'embrasse pas moins de quarante kilomètres de pays. La percée se continuait de l'autre côté de la montagne, ce qui permettait d'apercevoir le Vivier-Frère-Robert, Vieux-Moulin et les étangs de Saint-Pierre, mais aujourd'hui des arbres malencontreux ayant envahi l'espace vide, obstruent la vue et le passage, de sorte qu'on est obligé de descendre ce versant en suivant un étroit sentier hérissé de ronces et entremêlé de maigres bouleaux.

Joindre ensuite un chemin de sable, prendre à gauche la route cavalière Ney que l'on continue jusqu'à la rencontre, à droite, d'un chemin sur le bord duquel on rencontre la mare d'Epernon, et s'engager dans la première route à gauche, celle de Morpigny à l'Ortille.

Au carrefour du Port-Caborne (1), choisir, à droité, le chemin des Prés-de-l'Ortille au carrefour de ce nom et le poursuivre jusque sur les bords d'un bel étang du milieu duquel émerge un îlot contenant des peupliers. Un peu plus haut, sur un monticule, dans la solitude de la forêt, en bas du mont Saint-Mard, se dresse une charmante villa qu'on dirait sortie de terre sur un coup de baguette de l'enchanteur Merlin, tellement elle est inattendue dans ce coin retiré et silencieux où l'on n'aperçoit que des arbres, du gazon et de l'eau.

Après avoir contourné cette propriété, prendre le premier chemin à droite qui

1. Veut dire port à charbon.

conduit à un pont, continuer toujours à droite et se diriger vers un ancien moulin dont on aperçoit encore l'ancienne roue que vient alimenter le ru de Berne après un parcours dans la prairie de Vieux-Moulin et le Vivier-Frère-Robert. C'est maintenant une jolie petite ferme perdue dans une verdoyante prairie où il fait bon de s'exiler loin des bruits de la ville, loin des tracas du monde, et qui pourrait servir d'asile à un poète.

La réunion de ces deux propriétés s'appelait du gracieux nom de domaine de l'Ortille (1), qui faisait autrefois partie des biens de la chapelle de la Salvation, fondée en 1408 par Louis XI, près la porte de Pierrefonds. Au xviie siècle, sous Louis XIII, ces biens furent affectés à l'entretien du collège de Compiègne, alors sous la direction des membres de la Compagnie de Jésus. Ces religieux qui avaient la possession du prieuré de

1. Vient du latin *ortus*, jardin.

Saint-Corneille-au-Bois et de l'ermitage de la Croix-du-Saint-Signe, aimaient à venir se récréer à l'Ortille avec leurs élèves et s'y reposer des fatigues de l'enseignement, les mardi et jeudi de chaque semaine, jours ordinaires de congé.

L'ermite René Va, dont la grotte lui servant d'habitation était située près de là, sur le flanc du mont Saint-Mard, aimait beaucoup à se trouver au milieu d'eux. « Leur conversation et leurs exemples, disait-il, me sont d'un puissant secours pour m'encourager au service de Dieu. »

Lorsque les pères le pressaient de rester chez eux une journée entière, l'ermite s'y refusait, disant : « La présence d'un homme tel que moi peut-elle causer autre chose que de l'ennui et inspirer du dégoût ? »

C'est à l'Ortille qu'il ressentit les premières atteintes du mal qui le conduisit au tombeau. Sitôt qu'il apprit l'arrivée des religieux, il conjura le frère coadjuteur, gardien du domaine, de le déposer dans une grange. « Ce sera plus que je ne mérite, disait-il, et là au moins je n'incommoderai personne ! » Comme on résistait à ses instances, il essaya de s'y traîner, mais on dut malgré lui, le reporter dans la maison (1). Il y mourut le 18 septembre 1691, regretté de toutes les populations d'alentour. Les bénédictins de l'abbaye de Saint-Corneille réclamèrent le corps de leur paroissien pour lui rendre les honneurs funèbres qu'il méritait, le firent transporter à Compiègne où ils allèrent processionnellement à sa rencontre jusqu'à la porte de Soissons, et après les cérémonies accoutumées, l'inhumèrent dans le cloitre de l'abbaye, sépulture ordinaire des membres de la congrégation.

En sortant du moulin, gagner à gauche la route de l'Ortille qui passe devant la mare Calabre et borde tout le temps, au

1. Caillette de l'Hervilliers.

milieu d'une vigoureuse hêtrée, les contreforts du mont du Précipice d'où découle un ruisseau traversant la chaussée ; continuer jusqu'au carrefour de Lucifer où l'on aperçoit d'un côté les Beaux-Monts, de l'autre la route conduisant au Francport.

S'engager ensuite dans le premier chemin à gauche, dominé par le mont du Tremble, passer au carrefour Villequier, nom d'un duc, grand favori du roi Louis XV ; prendre la route du Putois au carrefour de ce nom, suivre celle de Saint-Corneille, entrer à droite dans celle d'Eugénie et tourner à gauche sur la voie cailloutée qui passe en face des Beaux-Monts devant la grille du Grand-Parc.

Dans cette enceinte, du côté de la route de Soissons, existe un poste forestier bâti sur l'emplacement d'un ermitage appelé la Croix-du-Saint-Signe, parce que Charles-le-Chauve ayant. fait transférer, vers la fin de l'année 875, d'Aix-la-Chapelle dans l'église de Compiègne, le Saint-Suaire, tout le clergé du pays alla recevoir cette précieuse relique à un quart de lieue de la Ville. En mémoire de cet événement, on fit élever une croix et par la suite on bâtit une chapelle à laquelle fut donné le nom de Croix-du-Signe, c'est-à-dire du Saint-Suaire. Puis, de pieux solitaires vinrent s'y installer pour se livrer à la prière et vivre d'aumônes. Ils se croyaient à l'abri de toute attaque, protégés par leur renom de sainteté et par leur pauvreté bien connue; cependant le 8 mai 1609, les frères Leroy et Hilaire Langlois qui vivaient ensemble à la Croix-du-Saint-Signe furent trouvés assassinés. La rumeur publique accusa de ce meurtre Oudin Véron, fils de Jehan Véron, maître vannier à Compiègne. Ce malfaiteur redoutable qui, depuis longtemps, exerçait ses brigandages dans la forêt et se jouait de la justice, fut roué vif sur la place de l'Estrapade (1), le 25 juin 1609.

1. Située sur le Change.

La promenade se termine en suivant directement jusqu'au carrefour Gabriel l'entreillagement du Grand-Parc que l'on contourne à droite pour arriver au carrefour Royal.

De Vieux-Moulin au mont Saint-Pierre-en-Chastres. — Les ruines du monastère des Célestins et le camp romain. — Le hêtre de Vieux-Moulin.

(11 kilomètres)

En face la gare de Vieux-Moulin, sur la place du village, se dressent deux hêtres et deux chênes monumentaux, vétérans de la forêt, respectables ancêtres qui, témoins des ébats de la jeunesse du pays, lors des fêtes publiques, bordent le chemin du faubourg Saint-Pierre aux étangs de ce nom. Plus loin, la première allée de droite portant l'indication de Pavillon-de-Saint-Pierre, vous conduit au carrefour de Saint-Pierre, à celui du Vautrait, appellation d'un équipage de chasse au sanglier, et vous fait traverser une route macadamisée qui passe devant une hutte en terre, fermée par une porte en bois avec cet écriteau : « Domaine de l'Etat-Forêt. »

Laissant de côté la route tournante servant aux voitures, il ne reste plus qu'à escalader un chemin très raide pour parvenir sur un des points les plus élevés et les plus pittoresques de la forêt. Cette hauteur avait la forme d'un *oppidum* gaulois, c'est-à-dire un promontoire à angle aigu, favorable soit pour la défense, soit comme lieu de refuge en cas de guerre ou d'invasion, et permettant de mettre en sûreté le matériel des peuplades environnantes. Il est appelé mont Saint-Pierre-en-Chastres, *in castris*, parce qu'il occupait l'emplacement d'un camp romain défendu par trois tours ou châteaux fortifiés.

Lors de l'invasion des Francs, ce camp tomba au pouvoir des rois mérovingiens qui y installèrent une maison de chasse. Il devint ensuite la propriété des religieux de Saint-Crépin de Soissons, par suite d'une donation faite par Charles-le-Chauve à l'abbaye de ce nom. En 960, les châteaux romains tombant en ruines, furent démolis et leurs débris servirent à édifier un corps de bâtiment ainsi qu'une église dédiée à Saint-Pierre où furent envoyés un prieur et quelques desservants.

Au moment des troubles qui suivirent la mort de Charlemagne, les religieux, pour sauvegarder leurs propriétés, se mirent sous la protection des seigneurs de Pierrefonds, mais l'un d'eux, Conon, comte de Soissons, profita de cette situation pour s'emparer d'une partie des bois ainsi que des terres labourables des ses protégés et en agrandit d'autant le parc de son château. Les victimes de cette spoliation protestèrent et n'obtinrent satisfaction qu'à la mort de Conon, dont la veuve, Agathe, restitua en 1184 tous les biens usurpés.

En 1308, Philippe-le-Bel échangea contre 280 arpents de bois dans la forêt de Laigue, le prieuré de Saint-Pierre et chargea Pierre de Sorra, son ambassadeur à la cour de Naples, de solliciter l'envói de douze religieux célestins, création nouvelle de Pierre de Muron, vieil ermite âgé de 72 ans, nommé pape en 1294, sous le nom de Célestin V. Six furent placés au prieuré d'Ambert, dans la forêt d'Orléans, et les six autres à celui de Saint-Pierre-en-Chastres, avec 280 livres de rente.

En 1321, Philippe-le-Long et Charles-le-Bel augmentèrent encore les possessions de cet établissement et l'autorisèrent à se qualifier de monastère royal.

En 1330, les Célestins envoyèrent quelques-uns des leurs fonder un monastère à Sainte-Croix-d'Offémont, dans la forêt de Laigue.

En 1352, au commencement du règne du roi Jean, dit le Bon, six autres religieux appelés à Paris, par Robert de Jussi, futur secrétaire de Charles V, occupèrent un local que les Carmes avaient abandonné pour se loger près de la place Maubert et reçurent plus tard de ce dernier roi une somme de dix mille francs d'or pour bâtir leur église.

Le Compiégnois Pierre d'Ailly, alors évêque de Cambrai, donna aux religieux de Saint-Pierre une maison avec ses dépendances qu'il possédait à Morienval, à la charge par eux de célébrer trois messes basses annuelles, une pour le roi, une autre pour Colard d'Ailly et Périne, sa femme, ses père et mère, et la dernière pour tous ses amis, ainsi que pour lui-même.

Le duc de Valois, Louis de France, frère de Charles VI, s'étant fait construire près de l'église un logement pour assister aux offices, afin de ne pas troubler les moines dans leurs dévotions, fonda, vers 1390, une chapelle consacrée à saint Jacques en même temps qu'à saint Jean l'Evangéliste, et légua au monastère 100 livres parisis de rente.

Louis XI donna aux Célestins de Saint-Pierre 92 arpents de bois pour l'acquittement d'une messe à dire tous les ans à son intention dans l'octave de la Saint-Louis.

Arthur Bleuet, leur prieur, embellit et répara le monastère dont les bâtiments composaient un parallélogramme formé d'un côté par l'église et de l'autre par un corps de logis destiné aux visiteurs. Les autres constructions comprenaient le logement du duc d'Orléans, celui du prieur, ainsi que trois dortoirs occupés par les prêtres et les clercs, par les frères servants et par les oblats. L'église renfermait, entre autres sépultures, les dépouilles mortelles du secrétaire de Charles V, Robert de Jussi, et celles de Pierre de Sorra, l'introducteur en France des premiers Célestins.

Vers 1501, vivait au couvent de Saint-Pierre, le Célestin Pierre Châtelain, natif de Senlis, qui composa un commentaire sur les constitutions de son ordre.

Un Compiégnois, Louis Burrier, qui avait été prieur au même couvent, composa l'histoire des Célestins de Paris. Il mourut en 1645.

On voit ensuite figurer parmi les religieux les noms suivants aux époques ci-après : en 1695, frère Roger, sous-prieur, et François de Sale Vuaroquier, natif de Compiègne ; en 1701, les frères Béra et Léonard Turlin ; en 1712, frère Cumont, prieur ; en 1727, Nicolas du Fresnoy, Joseph Lefebvre, Albert François de Sale Lecaron et Jean-Baptiste Leféron, sous-prieur, tous deux de Compiègne ; en 1730, Etienne Desanglais ; en 1740, le R. P. Coutant et le frère Alexandre Picot de Moras, de la paroisse de Verneuil, proche Dormans, fils de M. Antoine Picot de Mauras, capitaine au régiment de Boscq et de Mme Jeanne Defrance Monbanton, sa femme ; en 1748, le R. P. Denis Innocent, le R. P. Blanchereau, prieur, et Claude Gadeau ; en 1768, François Paillet, sous-prieur, ainsi que les frères Briaudet et Coustant.

Ces bons pères s'étaient relâchés peu

à peu de la sévérité du genre de vie auquel les astreignait la rigoureuse règle de saint Benoît, et leurs 30.000 livres de revenu aidant, s'étaient fait une réputation de joyeux vivants aimant la bonne chère. Ils avaient la spécialité des omelettes aux fines herbes pour lesquelles ils étaient sans rivaux. Aussi tous les visiteurs qui venaient au monastère ne manquaient pas de réclamer une omelette à la Célestine, comme au mont Saint-Michel la traditionnelle omelette de la mère Poulart.

L'ordre des Célestins ayant été supprimé par ordonnance du 21 mars 1771, le monastère fut fermé et démoli successivement. Il ne subsiste plus aujourd'hui que le pavillon principal qui renfermait la bibliothèque. Les murs ont près d'un mètre et demi d'épaisseur; les pièces sont spacieuses avec de hauts plafonds à caissons; des dessus de portes représentant des scènes champêtres, genre Watteau, sont encadrés dans des boiseries Louis XV, finement sculptées; les murs sont ornés de tapisseries, de faisceaux d'armes, de trophées et de bibelots. Un antique escalier dont la rampe est formée de larges balustres en bois artistement ouvragés relie les deux étages dont le plafond en voûte du dernier est tendu d'une étoffe d'un bleu sombre parsemé d'étoiles d'or. Au pied du pavillon coule la « fontaine des miracles », source d'eau fraîche et limpide à laquelle la superstition des campagnes attribuait la vertu de guérir de la stérilité.

De l'église il ne reste qu'une jolie tourelle contenant un escalier de pierre de quarante-quatre marches, au sommet de laquelle se trouvait une cloche qui fut enlevée, dit-on, en 1870; une rosace centrale, assez curieux spécimen du style flamboyant; une portion du chœur, où l'on voit de gracieuses têtes d'anges joufflus ayant deux ailes attachées au cou ; une portè ogivale à colonnettes avec des chapiteaux ornés de feuillages entremêlés de fruits; la sacristie et les contreforts qui soutenaient la nef. Les statues de saint Pierre et de saint Paul, qui la décoraient autrefois sont maintenant à Saint-Jacques de Compiègne et le tabernacle appartient à l'église de Vieux-Moulin.

Lors du mariage de la reine des Belges, à Compiègne, le roi Louis-Philippe et sa famille vinrent admirer le magnifique panorama dont on jouit du sommet du mont Saint-Pierre, et pour rappeler cette visite, l'inscription suivante gravée sur une tablette de marbre blanc fut scellée dans la muraille du chœur : « Le 7 août 1832, à l'occasion du mariage de la princesse Louise, LL. MM. le roi, la reine des Français et le roi des Belges, accompagnées de la famille royale de Flandre, ont visité ces ruines. LL. MM. ont été reçues par Monsieur et Madame Fayard, habitants de ce domaine. »

Dans la cour du poste forestier, se trouvent plusieurs souterrains. L'un conduit à une chambre servant de cave

d'où, par un curieux escalier de dix
marches et sous une voûte de dix-huit
arceaux, on descend dans un étroit
couloir parcouru par une source qui
passe devant l'entrée d'une autre chambre assez grande et va se jeter dans les
fossés par une poterne. Un second souterrain, situé en face de ce dernier,
aboutissait à Pierrefonds, mais il est
maintenant muré par mesure de pré-
caution. Un troisième existait à côté
de celui-ci, dit-on, et communiquait
avec le prieuré de Saint-Corneille-au-
Bois.

Sur le vaste plateau du mont Saint-
Pierre, contenant vingt-six hectares,
on a recueilli des monnaies romaines et
d'autres objets de la même époque. On
a mis à jour des chemins dallés, des
cuisines, des terrassements et des forti-
fications d'un camp établi par les enva-
hisseurs de la Gaule qui n'avaient pas
manqué de profiter de cette magnifique
position stratégique. Sur le haut d'un

4

de ces retranchements (1), près d'un banc de bois peint en blanc, on aperçoit distinctement le château de Pierrefonds.

De là, il faut revenir sur ses pas en suivant le chemin de ronde du camp romain, prendre le premier sentier à droite et s'engager dans celui de gauche qui contourne en spirale le flanc de la montagne. Le chemin est une échancrure de la côte qui s'enfonce à droite jusqu'au fond du ravin, côtoyant de sombres profondeurs au fond desquelles l'herbe croît en abondance et où l'on a souvent la chance d'apercevoir des hardes de gros animaux qui affectionnent ces parages sauvages. Lorsqu'on est parvenu au pied du mont, s'engager dans un chemin de sable à gauche jusqu'au carrefour Notre-Dame-Adam, aborder la route de la gorge du Ham au carrefour de ce nom et, après avoir traversé un pont de pierre sous lequel

1. Le mont Saint-Pierre a 137 mètres d'altitude et les remparts ayant 12 mètres de hauteur sont surmontés et précédés d'un double fossé à fond de cuve.

coule le ru de Berne, déboucher sur une chaussée au milieu d'une immense éclaircie. Vous êtes inondé d'air et de lumière.

Devant vous, se profile un coquet pavillon qu'on appelle le chàlet de l'Impératrice, occupé en partie par un garde forestier et bâti par Napoléon III pour ses rendez-vous de chasse. A droite, s'étend l'étang de Saint-Pierre contenant environ quatre hectares; à gauche, le plus grand et le plus joli de tous, celui de la Rouillie, d'une étendue de dix hectares ; plus loin celui de l'Éteau, en grande partie envahi par les herbes, les taillis et par un fouillis de nénuphars.

Quel ravissant endroit que cette clairière ! L'horizon est borné d'un côté par le mont Saint-Pierre, de l'autre par les monts Collet et Saint-Mard dont les pentes boisées viennent mourir au pied des derniers arbres, le long des étangs qui, dans le creux de la vallée, s'allongent sur un espace de plus d'un kilomètre, bordés par une épaisse ceinture de roseaux et d'ajoncs. La forêt se reflète dans le miroir de ces eaux calmes, immobiles et sans rides où des poissons bondissent hors de l'élément liquide et retombent avec un clapotement qui vous fait sursauter.

Le retour s'effectue par la route Eugénie (prénom de l'ex-impératrice), qui se trouve à droite du poste forestier et, tout en côtoyant le ru de Berne à sa sortie des étangs, vous abandonnez le chemin de droite, pour entrer sur la gauche dans le village de Vieux-Moulin. Passez devant la *Chaumine*, devant le *Paradou*, traversez le pont jeté sur le ru de Berne, montez jusqu'à l'église, prenez la route qui s'ouvre devant le porche et, après avoir franchi le passage à niveau du chemin de fer, suivez le chemin caillouté de Compiègne jusqu'à la première allée de sable à gauche.

A quelques mètres de là, dans un rond-point assez étendu, où les voitures peuvent aisément circuler, vous attend une dernière et inattendue surprise que vous accueillerez avec des cris d'admiration. Un hêtre appelé le *Faux-Madame*, le plus gros de la forêt, dont le tronc mesure six mètres de circonférence, étale, en forme d'éventail, ses énormes branches qui occupent un espace considérable. Malgré le vide produit par l'abattis d'arbres qu'on a fait autour de lui pour le dégager, il semble qu'il étouffe, qu'il manque d'air, tellement il lui en faut pour le jeu de ses vastes poumons. Pareil à un vieillard centenaire devenu un objet de curiosité pour ses concitoyens, la figure parcheminée, émaillée d'excroissances de chair, on vient de partout se repaitre du spectacle de ce vieux colosse encore robuste qui, par orgueil, déguise son âge, mais dont les rides, les nodosités, les bosses et les verrues nombreuses trahissent malgré lui le poids de quatre siècles.

Le Vivier-Corax. — Le mont Chyprès.
— Lacroix-Saint-Ouen. — Le vieux
hêtre de Lacroix-Saint-Ouen. — Mercières-au-Bois. — Royallieu.

Au carrefour Napoléon, prendre la
route du Puits-du-Roi, suivre jusqu'au
carrefour des Bordages traversé par
une route de sable bien tricyclée, servant à l'entraînement des chevaux de
courses et autour de laquelle s'étendent
d'impénétrables buissons de troënes qui
cachent de nombreux terriers de lapins.

Au carrefour de la Petite-Patte-d'Oie,
la route de la Reine au carrefour des
Dames vous conduit à celui de Bretagne,
où la route de ce nom au carrefour de
Mercières vous fait traverser une belle
et large route d'entraînement, appelée

route de Royallieu, en passant le long d'une infinité de taillis de lilas, fertiles en gibier.

Au carrefour de Mercières, la route du Vivier-Corax (1) aboutit à un poste forestier habité par deux gardes et consistant en une longue série de bâtiments sans étage, situés en face d'un vaste rond-point. C'était autrefois une ferme appartenant aux religieuses de Royallieu, et comprenant une chambre de logement en bas, une chambre haute, un grenier au-dessus, un jardin avec dix-huit à vingt arpents de pré ainsi que quatre arpents de terre labourable. Le tout fut loué par bail emphytéotique pendant cinquante années, le 14 février 1775, par l'abbesse Françoise Paris de Soulange, à Pierre-Lucien Pannelier, auteur des plantations de la forêt de Compiègne. Le célèbre sylviculteur recherchait cet emplacement à cause de son sol marécageux et de son étang, ce

1. Corax veut dire corbeaux.

qui lui permettait d'y installer des pépi-
nières dans de bonnes conditions. Une
laborieuse colonie de bûcherons vint
ensuite se grouper autour de la ferme
et donner un peu d'animation à ce hameau maintenant complètement désert.
Rien ne pousse dans ces anciens marais
qui s'étendent sur un espace assez considérable, ce terrain mouvant étant
impropre aux plantations.

Prendre, à droite du Vivier-Corax, la
route de la Gouvernante, passer sur un
pont de pierre et avant d'atteindre un
entreillagement, tourner à gauche jusqu'au carrefour des Lorrains. Suivre
ensuite à droite le chemin caillouté qui
est celui du Carnois (1) à la route de
Paris et s'arrêter au carrefour du Veneur,
où l'on choisit la route Bertin (du nom
du contrôleur général des finances sous
Louis XV) au carrefour des Nœuds. En
continuant, on passe sur le pont de la
Malmaire (2), construit du temps de

1. Veut dire charnier.
2. Signifie mauvaise mare.

Pannelier et où aboutit une très profonde tranchée, afin de faciliter l'écoulement des eaux d'une partie marécageuse de forêt voisine, dans laquelle on devait faire des plantations.

Tout près de ce pont, à droite et à gauche du chemin des Plaideurs, au lieudit le mont Chyprès, on a découvert les substructions d'un village gallo-romain, des débris de vases antiques aux formes variées, des ferrements parmi lesquels des instruments tranchants, ainsi qu'un assez grand nombre de monnaies romaines. Parmi les décombres d'une habitation, on a trouvé, dans une cachette, un vase en terre grise contenant 8.000 pièces de monnaie de très petites dimensions. Dans le cimetière qui existait à côté du village, des tombes ont été mises à jour qui renfermaient des squelettes avec des vases en terre placés aux pieds et à la naissance supérieure des épaules, une assiette en terre sur laquelle il y avait des ossements de poulets et de porc, des

fibules et des colliers. Ces fouilles inté-
ressantes furent visitées par Napoléon III
le 7 décembre 1868.

On rencontre aussi des antiquités gallo-
romaines à Lacroix, distant de quelques
centaines de mètres du mont Chyprès,
mais l'origine de ce village remonte à
Dagobert. On rapporte que ce roi chas-
sant dans la forêt de Cuise avec Ouen,
son archichapelain, aperçut, gravée sur
la terre, une croix dont la blancheur
égalait celle de la neige. C'était là un
miracle, et le seigneur Ouen demanda à
son souverain l'autorisation de construire en ce lieu une basilique. Ce à quoi
Dagobert consentit.

Une borne appelée la *Croix-aux-
Œufs*, marque l'endroit précis où fut
aperçue la croix miraculeuse. On y
venait autrefois le jour des Rogations
et les assistants recevaient de la part du
prieur deux œufs et un morceau de
pain.

A l'église, élevée sous l'invocation de
la Sainte-Croix, saint Ouen ajouta une

métairie, puis un monastère qu'il donna à l'abbaye de Saint-Médard de Soissons, où il avait été élevé. Après sa mort, le chapelain de Dagobert ayant été canonisé, les religieux, qui le regardaient comme le patron de leur communauté, donnèrent à l'abbaye le nom de la Croix-Saint-Ouen (1).

Les gens atteints de surdité et de maux d'oreille y accouraient réclamer l'intercession du saint d'une singulière façon. Les malades descendaient dans un caveau de l'église, passaient leur tête dans une niche de pierre et, dans cette agréable posture, ils s'entretenaient avec saint Ouen qui, toujours, les renvoyait guéris. Le rapport qui existe entre les mots *Ouen* et *oueï* était le seul fondement de cette naïve croyance.

L'abbaye, ruinée par les Normands, fut convertie par le roi Eudes en prieuré simple qui fût, à son tour, pillé et brûlé par les Anglais en 1354.

1. *Compiègne*, par Lefebvre Saint-Ogan.

En 1359, les Navarrais l'incendièrent
de nouveau, et cette fois il ne fut pas
reconstruit, faute de ressources. L'église
seule a subsisté. Ce qui reste des bâtiments de l'abbaye est occupé par une
ferme où l'on voit encore, vers le cimetière, une muraille criblée de coups
de biscaïens. C'est un souvenir de
la résistance des habitants qui, retran-
chés derrière les murs du prieuré, tirè-
rent, en 1636, sur les Espagnols, occupés à piller les maisons et à incendier
l'église. Au milieu de ce mur, s'élevait
une tour couronnée autrefois de machi-
coulis et dont il ne reste plus que la
base. La porte était flanquée de piliers
portant des tourelles en encorbelle-
ment.

L'église fut réparée en 1637 et on y
ajouta un collatéral qui n'est pas con-
forme à son style. Le portail offre un
plein cintre supporté par des colonnes
ornées de chapiteaux portant des feuillages et des crosses végétales de l'époque romane. Le chœur fut rebâti après

l'invasion des Anglais et la nef est plus
'moderne (1).

Sous le porche de l'église est une
inscription du XVIᵉ siècle, surmontée
d'une scène gravée, qui mériterait d'être
conservée.

En sortant du mont Chyprès, prendre
le chemin des Plaideurs, le suivre jusqu'à moitié, et s'engager à droite dans
un sentier qui abrège le parcours d'un
kilomètre. Ce sentier vous conduit au
carrefour du Veneur, au milieu du lot de
chasse de M. Laguionie (2) où les faisans
pullulent, et traverse la route de la Gouvernante, pour aboutir sur la gauche à
celle de Paris. A cinquante mètres de là,
sous bois, en face le poteau hectométrique 237, et du sentier en question, on
aperçoit un hêtre admirable dont le tronc
mesure cinq mètres de circonférence et
dont l'acte de naissance remonte à plus de
trois cents ans. Par ses formes bizarres,

1. *Compiègne*, par Lefebvre Saint-Ogan.
2. Directeur des magasins du Printemps.

par ses dimensions colossales, avec ses grands bras tendus en un geste de bénédiction, il constitue un de ces monuments sacrés qui se font de plus en plus rares dans notre forêt.

En descendant la large route de Paris, après avoir passé sur le pont de l'Auge, on arrive au carrefour Laval, à gauche duquel se trouve le hameau de Mercières-au-Bois, ancienne maison de chasse royale qui possédait une chapelle depuis longtemps démolie. Les pierres taillées, les tuiles romaines et les nombreux débris qui ont été découverts sur son territoire, attestent son origine ancienne ainsi que son importance déchue.

Plus loin, on traverse Royallieu, ancien repos de chasse au XIIe siècle, autour duquel vinrent se grouper quelques habitations qui formèrent un hameau appelé la Neuville-au-Bois, dont le nom a disparu.

Philippe le Bel, à la nouvelle de la canonisation de son aïeul Louis IX, fit bâtir en ce lieu la première église qui ait été dédiée sous l'invocation de ce saint roi, et lui donna le nom de « Saint-Louis de Royallieu. » Il installa dans la maison royale, vingt profès de l'ordre du Val-des-Écoliers, qu'il désigna comme ses chapelains et qu'il combla de présents.

En 1634, une permutation eut lieu entre les religieuses de Saint-Jean-aux-Bois et les Génovéfains, successeurs depuis un demi-siècle des chapelains institués par Philippe le Bel. Le couvent de Royallieu devint par ce changement, le séjour des reliques de sainte Euphrosine, à qui l'abbesse Henriette de Gouffier dédia, dans l'église de Saint-Louis, une chapelle qu'elle avait fondée tout spécialement pour cet usage.

L'église de Royallieu, transformée en ambulance en 1792, fut démolie quelques années après, ainsi qu'une grande partie du monastère, dont il ne subsiste plus que quelques bâtiments conventuels situés au milieu d'un parc immense.

Le Mont-Berny. — La Chesnoye
Trosly-Breuil

(9 kilomètres à partir de Pierrefonds)

La promenade du mont Berny est, sans contredit, la plus belle des environs de Pierrefonds, dont l'admirable château féodal et les eaux sulfureuses sont universellement connus. On fait l'ascension de la colline par la route d'Attichy qui côtoie, à gauche, un petit groupe de maisons appelé la *Pisselotte*, et plus loin passe sur la droite, devant un vieux calvaire entouré de rochers. Au poteau hectométriqce 175, sur le côté gauche, près d'une caverne creusée sous d'énormes blocs de pierre et rappelant un coin de la forêt de Fontainebleau, commencent les ruines de la cité gallo-romaine que M. de Longpérier, membre de l'Institut, soupçonne s'être appelée *Mediolanum*.

Ce plateau, dont l'altitude est de 140 mètres au-dessus du niveau de la mer, fait partie de la chaine de montagnes appelée le mont Saint-Mard et le mont Collet, dont il est seulement séparé, à l'ouest, par la gorge du Ham, et se trouve à quinze cents mètres du château de Pierrefonds. Ainsi que l'indiquent les silex taillés recueillis en grand nombre sur son périmètre, le mont Berny paraît avoir été habité à l'époque préhistorique par les troglodytes et ensuite par les Gaulois qui le couvrirent de leurs huttes grossières, auxquelles succéda une cité assez importante dont la tradition a conservé le souvenir sous la désignation de ville des Gaules.

Celle-ci s'accrut et s'embellit pendant les trois siècles de la domination romaine, par suite de la proximité d'un camp d'observation que les vainqueurs y avaient établi comme à Champlieu. Lorsque survint l'invasion des barbares, elle fut dévastée, incendiée, et les habitants abandonnèrent ses ruines.

Aujourd'hui, de chaque côté de la route, ce ne sont plus, à fleur de terre, que des rangées de pierres dessinant les fondations des constructions qui s'y élevaient. Il ne reste plus rien debout. L'alluvion des terres, la marée montante des buissons et l'intrusion des grands arbres ont tout envahi. Ce n'est plus qu'une carte plate, un plan des lieux ; on dirait, à voir l'affleurement des assises, des maisons en construction qui ne sont pas encore sorties de terre.

Cette cité est traversée par la grande voie romaine (dite chaussée Brunehaut) venant de Champlieu, qui, arrivée au centre des habitations, forme un angle droit pour se diriger ensuite vers le village de Saint-Étienne et de là parcourir toute la vallée de l'Aisne. En dehors de cette voie, des traces de cinq rues secondaires ont été rencontrées dans le périmètre des habitations, et plusieurs de ces voies de communication qui aboutissent à la chaussée principale conservent encore des ornières creusées dans le sol empierré par le passage fréquent des chariots gaulois (1).

Il a été découvert à l'entrée de la cité, en arrivant par la route de Pierrefonds, un établissement de bains à air chaud, semblable à celui de Champlieu, et au centre, à cinquante mètres de la voie romaine, un petit temple de forme carrée, entouré d'un mur en pierre formant péristyle et clôturé par un autre mur d'enceinte assez étendu. Le plafond du péristyle était divisé par anneaux et décoré de peintures à fresque dont on a retrouvé beaucoup de débris, dans lesquelles dominaient les couleurs verte et rouge.

On a recueilli un grand nombre de médailles gauloises et romaines, des débris de colonnes, de statues, de sculptures et une infinité de bijoux d'un travail parfait.

1. *Description des fouilles archéologiques de la forêt de Compiègne*, par V. Cauchemé.

A l'ouest de la cité, on a mis à jour, sur une longueur de dix-huit cents mètres, un mur d'enceinte formant un coude au milieu de son développement, et il a été reconnu que les constructions antiques s'étendaient sur une superficie de cinquante hectares. Là, vivait une population considérable, douée d'une grande recherche dans l'ornementation et dans l'amour du luxe de la table, à en juger par l'élégance des ustensiles ainsi que par les coquilles marines trouvées en certaine quantité.

Il faut se figurer l'aspect du pays, alors toute une ville fortifiée, l'animation du peuple se rendant au *forum*, aux thermes, au temple ou à l'amphithéâtre qu'on finira par découvrir, comme à Champlieu, les manœuvres des cohortes romaines, le son strident des trompettes, le va-et-vient des rues, le bruit des chars et les cris des marchands.

En sortant des ruines du Mont-Berny, redescendre le chemin d'Attichy sur Pierrefonds et au poteau hectométrique

175, prendre à droite la route de Trosly-Breuil sur le bord de laquelle un superbe hêtre, dont le tronc mesurant six mètres cinquante centimètres de circonférence, lance vers le ciel, comme en un véritable bouquet de feu d'artifice, seize grosses ramifications. Appelé les « Seize-Frères » et criblé d'inscriptions de noms, il rappelle les fameux bouquets du roi de la forêt de Fontainebleau, par ses belles proportions que font encore ressortir ses autres congénères en rejetons, poussant maigrement aux alentours.

Après avoir suivi toujours directement la route cailloutée, on arrive à l'extrémité de l'interminable route de la Mariole et, en face, on s'engage dans le chemin de droite qui conduit au château de la Chesnoye, appartenant à la famille du général de Failly et maintenant au comte Pillet-Will. Cette propriété magnifique, dépendance de la commune de Cuise, est située sur une des collines qui bordent la forêt de Compiègne. Avec sa grosse tour crénelée, aux fenêtres ogivales, sa belle perspective sur la vallée de Vandy, son immense parc de cent dix hectares, où les hauteurs boisées alternent avec les gorges hérissées de rochers druidiques, ses vieux arbres, ses étangs pittoresques, ses pelouses et ses nombreuses sources, on dirait un décor de féerie.

En face d'un amoncellement de roches abruptes, aux pieds d'une fontaine abondante qu'alimentent neuf sources d'eaux vives et limpides, s'élève une luxueuse chapelle, bâtie en 1863, et qu'on appelle Notre-Dame de Neufontaines. Située avant cette époque près de la route de la Mariole, sur un terrain enclavé dans le parc du château, l'État en avait accepté la donation en 1845, à condition de l'entretenir et de veiller à sa conservation. Mais la chapelle étant tombée complètement en ruines, fut cédée, avec le terrain, au général de Failly, à la charge par lui de la reconstruire dans sa propriété et d'exécuter les volontés du fondateur de cette œuvre de piété.

A cause de cette tradition, l'accès du parc est permis en tout temps aux personnes désireuses de voir la fontaine miraculeuse, objet d'un pèlerinage qui dure neuf jours et qui commence le premier dimanche de Carême. Les filles et les garçons de Cuise-la-Motte et des environs s'y rendent en procession ; des marchands de comestibles, des débitants de boissons, des vendeurs de chapelets et même un manège de chevaux de bois s'installent au rond-point, près de la porte d'entrée de la Chesnoye. Un prêtre du voisinage vient dire des évangiles pour les malades qui boivent ensuite l'eau salutaire des *Neufontaines*, pendant que les garçons offrent aux filles des brioches et des échaudés enfilés autour d'une baguette. Si ces présents sont acceptés complaisamment, des mariages ont lieu dans l'année.

Il faut continuer ensuite la route de Trosly sur le bord de laquelle se trouve, à droite, une grande plantation appartenant au comte Foy, et à gauche en face, un chemin conduisant au hameau des *Usages*, petit groupe de maisons inhabitées, situé sur les bords de la gorge sauvage du Ham (1), et descendre dans les profondeurs d'un chemin tournant creusé dans les flancs du mont Saint-Mard. De chaque côté, ce n'est qu'un escarpement de hautes murailles de sable entremêlé de pierres, qu'un bizarre enchevêtrement de racines d'arbres surplombants, que sources d'eaux vives dévalant des hauteurs avec un murmure discret, et inondant les bas-côtés de la route. Tout le temps, vous contournez la montagne sur la gauche, vous débouchez dans une plaine étendue où poussent de nombreux peupliers et vous arrivez à Trosly-Breuil.

Ce village ne forme qu'une commune composée de deux groupes d'habitations séparés l'un de l'autre d'environ huit cents pas et situés sur la route de Soissons à Compiègne. D'abord maison

1. Ou du hameau.

royale existant du temps de Dagobert, puis donnée par Ebroïn, maire du Palais, à l'abbaye de Notre-Dame de Soissons, donation confirmée par Charles le Chauve, elle fut, en 921, le siège d'un concile présidé par l'archevêque de Sens. Le roi de France y demanda la grâce d'un seigneur de la cour, excommunié pour avoir ravi de grands biens à l'église de Reims, et dans ceux tenus successivement en 924, 927 et 938, fut discutée la conduite du comte Hubert de Vermandois, envers le roi Charles le Simple.

Le château de Trosly qui fut détruit lors de l'invasion des Normands était situé entre la route de Soissons et la rivière d'Aisne. On a trouvé sur son emplacement, au lieudit la *Terre-à-Carreaux*, des débris de constructions antiques, une grande quantité de tuiles brisées, des fragments de sculpture et de mosaïque, des grandes dalles et des médailles romaines, le tout répandu sur une étendue de deux hectares. L'église, qui se trouve à Breuil et qui avait été détruite ainsi que le village par la Jacquerie en 1359, a été reconstruite au XVIe siècle.

Les vieilles entrées de caves donnant sur la rue de ce charmant village, les curieuses chaumières aux murs noircis, aux toits délabrés, où se jouent le saxifrage et la joubarbe, sont autant de sujets de croquis que les paysagistes amateurs ou ceux qui font le métier de peinturer, peuvent prendre en passant, avant de gagner la station de chemin de fer voisine de Lamotte-Breuil, pour retourner à Compiègne.

Le Mont-Collet. — Les Usages. — La carrière des Ramonats. —La Gorge du Ham.

(13 kilomètres environ)

En descendant à la gare de Vieux-Moulin, le faubourg Saint-Pierre situé à droite conduit au carrefour de l'Etang-de-l'Etau, où l'on continue le chemin macadamisé par lequel se fait l'ascension du mont Collet. Au carrefour des Nonnes, en suivant le chemin des voitures se trouve, à gauche, à cinquante mètres avant d'arriver au faîte du mont Collet, la fontaine du Riez. Un chemin de traverse assez à pic donne accès, vers la droite, sur le plateau de la colline, à une carrière abandonnée au milieu d'une clairière sauvage et accidentée. L'extraction des pierres y a formé une galerie souterraine qui pourrait servir de repaire à des bandits, et ce n'est pas sans appréhension qu'on pénètre dans l'intérieur de cette caverne composée de deux chambres dont les voûtes sont soutenues par des piliers. Le sol est recouvert d'un épais lit de fougères sur lequel couchait, il y a quelques années, un couple de malheureux accompagné de leur fille. Comme aux temps préhistoriques, ils se nourrissaient des fruits ainsi que du gibier de la forèt et vivaient d'aumònes recueillies dans les villages avoisinants. Ils s'accommodaient de cette existence misérable à l'air libre, lorsque leur fille succomba, tuée par les privations. C'est alors que Madame Séverine consacrant, comme d'ordinaire, son grand talent à la cause de l'infortune, s'apitoya sur le sort des survivants et battit dans la presse le rappel de la charité en leur faveur. La collecte produisit la somme de 1.700 fr., ce qui leur permit d'habiter un logis plus confortable.

En sortant de la carrière, après avoir admiré l'horizon boisé qui s'étend à perte de vue, il faut rétrograder, pour suivre à droite la route de Marillac et passer devant l'orifice d'un chemin creux descendant à Trosly. Au premier plan, vous apercevez, sur les bords, de nombreux quartiers de roches, dans le bas, un immense demi-cirque naturel entouré de gradins interminables avec un vaste circuit ombragé d'arbres, et dans le fond, la scène figurée par une majestueuse enfilade de hêtres, formant le plus joli décor qu'on puisse imaginer.

Le mont Collet, dont la crête longue et très étroite n'est pour ainsi dire que le prolongement du mont Saint-Mard, fut pour cette raison négligé par les Bellovaques qui, campés sur ce dernier, craignaient d'être coupés de leurs communications, alors que César occupait en face les hauteurs de Saint-Pierre-en-Chastres. Il fallut toute l'habileté de ce général pour traverser le marais, y faire passer les légions et atteindre sans encombre le sommet de cet important point stratégique délaissé par les Gaulois. Profitant de cette faute capitale, il rassembla ses troupes et se porta en ordre de bataille jusqu'à l'extrémité du plateau d'où les machines mises en batterie pouvaient atteindre de leurs traits les masses ennemies. Les barbares, dit l'historien de Jules César, rassurés par l'avantage du lieu, étaient prêts à accepter le combat si les Romains venaient attaquer la montagne ; ils craignaient d'ailleurs de retirer successivement leurs troupes, qui, divisées, auraient pu être mises en désordre. Cette attitude décida César à laisser vingt cohortes sous les armes, à tracer en cet endroit le camp et à le retrancher. Les travaux terminés, les légionnaires furent rangés devant les retranchements, et les cavaliers répartis aux avant-postes, avec leurs chevaux tout bridés. Les Bellovaques, devant ces dispositions menaçantes, eurent alors recours au stratagème que nous avons

signalé dans notre première promenade,
pour opérer leur retraite.

On prend, à droite, le chemin de la
gorge du Ham jusqu'au hameau des
Usages, ainsi appelé parce que les
individus habitant les maisons de cet
écart de la commune de Cuise, ont droit
d'envoyer au pâturage un certain nombre
de bestiaux, seulement dans les lieux
déclarés défensables par les officiers
forestiers, et de prendre en la forêt,
pour leur propre usage, et sans pouvoir
en vendre, le bois sec gisant, sans
crochets ni ferrements, et sans pouvoir
toucher aux chablis. De ce hameau,
juché sur le bord d'un abime dont le
fond est tapissé de bouquets d'arbres,
les regards se promènent délicieusement sur deux rangées de collines qui
l'enserrent de chaque côté. On aperçoit,
à droite, les monts Saint-Pierre, Saint-
Mard, les Grands et les Petits-Monts ; à
gauche, la Tête-Saint-Jean et Pierrefonds ; en face, le mont Arcy, comme
un mont Cervin en miniature, dresse

orgueilleusement sa cime pointue et, au loin, les montagnes de la forêt d'Halatte se perdent dans l'horizon bleuâtre.

A gauche des Usages, une étroite sente côtoyant des fonds herbeux et embroussaillés, où un ruisseau coule au milieu de roches moussues, conduit, après quelques centaines de pas, à l'entrée d'une grotte bizarre. Située à cent mètres environ de la chaussée Brunehaut qui passe au-dessus, et au pied d'un gros hêtre à trois troncs, l'ouverture, semblable à celle d'un terrier de renard, ne fait rien soupçonner de particulier. Cependant, l'intérieur de la cavité a cent mètres de pourtour et l'on peut très facilement s'y tenir debout. Est-ce parce qu'il y fait noir comme dans un four, ou que des savoyards en rupture de cheminées y avaient élu domicile, qu'on l'appelle la *Carrière des Ramonats?* En tous cas, elle servit, en 1870, de refuge aux paysans des environs qui fuyaient l'ennemi. Aujourd'hui, les gardes forestiers ne craignent pas de s'y introduire pour tuer les renards et blaireaux qui viennent parfois s'y terrer.

On revient ensuite aux Usages pour prendre, à gauche, un chemin carrossable peu fréquenté qui descend dans la gorge du Ham. Il serpente sur le flanc du mont Collet, en passant devant une agglomération de jolies roches et à côté d'un ruisseau tapageur qui alimente une mare où les habitants de Trosly faisaient autrefois rouir leur chanvre. Au fur et à mesure de la descente, c'est une succession continue de sources d'eaux vives, de rochers, de fougères impénétrables, de sapins garnissant le fond de la côte et remontant jusque sur les sommets des hauteurs d'où se précipite un petit cours d'eau qui s'est creusé un lit à travers la route.

On arrive au carrefour de la Gorge-du-Ham, à celui de Notre-Dame-Adam et l'on débouche en face l'étang de la Rouillie. Au pavillon de Saint-Pierre, il n'y a plus qu'à prendre, à gauche, la route Eugénie, tourner à droite pour passer devant les étangs de Batigny, situés près d'une ancienne métairie à laquelle était jointe un moulin que faisait mouvoir le ru de Berne, traverser la voûte de la voie ferrée, et remonter vers Pierrefonds dont la visite au merveilleux château féodal peut terminer la promenade.

Le hameau de Berne. — Le Vivier-
Frère-Robert. — Le mont St-Mard.
— Le Chaos. — Le Craquet-de-
Pierres. — Les panoramas. — Les
carrières.

(11 kilomètres)

A la gare de Rethondes, la route de
Soissons, à droite, mène au petit hameau
de Berne, traversé par le ru de ce
nom, qui prend naissance au-dessus de
Pierrefonds, passe aux étangs de Saint-
Pierre, arrose les prairies de Vieux-
Moulin, coule à l'ouest de l'Ortille et va
se jeter dans la rivière d'Aisne, entre le
carrefour de Cerbère et le pont de
Berne. Près de ce pont, formé d'une seule
arche de quatre mètres d'ouverture et
de seize mètres entre les têtes, avec des
murs en ailes, eut lieu, le 14 mai 1770,
la première entrevue de l'archiduchesse

Marie-Antoinette d'Autriche avec son futur époux, le dauphin, fils de Louis XV. Le roi, accompagné de toute la cour, était présent à la réception. Complimentant la princesse, il lui dit qu'elle paraissait encore plus belle que son portrait et il osa même lui demander comment elle trouvait Mme du Barry qu'il lui avait présentée. — « Elle me paraît fort séduisante, » répondit-elle avec ingénuité.

Tout près de cet endroit, à quelques pas de la ferme de la Motte-Blin, existait une chapelle dont on retrouve encore les fondations et qui avait été dédiée à saint Hubert par Louis le Jeune.

Plus bas, en revenant au poste forestier, le garde vous fera franchir la ligne du chemin de fer, en face, et visiter, sur le chemin des Brioleurs, la fameuse grotte qui servit d'asile au solitaire René Va. Cet ermitage dont on attribue la fondation à Pierre de Muron, parvenu au pontificat sous le nom de Célestin V, existait déjà au xii° siècle, et fut, en l'an 1209, l'objet d'une charte datée de Compiègne, lui garantissant la protection royale. C'est pourquoi le mont Saint-Mard s'appelait autrefois le mont de l'Ermite.

Par une sorte de fossé d'environ douze pieds de profondeur, rempli de ronces et d'épines, on pénétrait dans un conduit souterrain aboutissant à une caverne longue, étroite et obscure. Cet antre humide et malsain ne recevait de lumière que par la porte ; on y voyait la pierre qui servait de siège et de lit au pieux anachorète, le petit foyer dans lequel il apprêtait sa frugale nourriture, et la croix tracée dans le mur indiquait le modeste oratoire où il invoquait le Seigneur (1). Il cessa d'être habité en 1766. Aujourd'hui, presque tout a disparu, et le peu qui reste de la grotte est contenu dans une hutte de cantonnier fermée à clef.

Le long de la route, à gauche, en face

1. Caillette de l'Hervilliers.

le chemin menant à l'Ortille, vous apercevez une pierre levée, en forme de
cône, d'une hauteur de deux mètres,
qui recouvrait, dit-on, la sépulture d'un
chef gaulois, ou marquait pour cette
peuplade la direction du nord. D'énormes
quartiers de rocs aux formes fantastiques, ombragés par une épaisse futaie
qui remplace les chênes séculaires
d'autrefois, s'échelonnent au milieu de
ces sombres solitudes, sur la pente du
mont Saint-Mard, et en font l'endroit le
plus sauvage de la forêt.

Il est à supposer que, situés à proximité de la rivière d'Aisne, ces parages
ont été habités au temps de l'âge de
pierre, et que des cavernes y ont été
creusées pour prémunir l'homme contre
les attaques des bêtes féroces. Des
fouilles mettraient facilement à jour
ces demeures souterraines qui ont été
bouchées par les Gaulois ou par les rois
francs dont elles gênaient la chasse, à
cause du gros gibier qui s'y réfugiait.

A la première route à droite, vous

traversez la voie ferrée et arrivez aussi-
tôt au Vivier-Frère-Robert, gentil hameau
situé sur le ru de Berne et donné en
présent, avec une centaine d'arpents de
marécages, aux moines de Royallieu par
le roi Charles VIII, le 25 juillet 1493. Il
se compose de dix maisons dont un
poste forestier, deux villas, la *Cigale* et
la *Rouillette* et comprend vingt habitants. Les hommes exercent la profes-
sion de bûcherons, les femmes se livrent
à l'industrie des jouets d'enfants en
confectionnant des petits chevaux de
carton-pâte pour une fabrique de Trosly-
Breuil. Avec son étang bordé de saules
du milieu duquel émergent deux bouquets de roseaux, avec son ancien moulin dont on s'accorde à regretter l'har-
monieux tic-tac, ce petit coin de verdure est très recherché pendant la
belle saison des amateurs de villégia-
ture.

Revenant sur vos pas jusqu'à la route
des Brioleurs, vous entrez, en face, dans
celle du Geai, chemin carrossable percé

par ordre de Napoléon III, pour gravir le mont Saint-Mard et en faire le tour. Après avoir pris, étant arrivés sur le sommet, la route de droite, vous apercevez, comme dans un immense kaléidoscope, Vieux-Moulin, avec son clocher, ses prairies, le long ruban du chemin de Saint-Jean, juste en face, le mont Saint-Pierre avec son pavillon, les Grands-Monts, et dans le fond un triple étage de collines forme les contours du cirque.

Plus loin, le spectacle n'est pas banal : la nature s'est livrée à une véritable orgie de roches plus monstrueuses les unes que les autres, et il semblerait qu'elle a pris plaisir à accumuler sur ce plateau toutes celles de la forêt. Sur les bords de l'extrémité méridionale, apparaissent cinq massifs de pierre bien distincts. Le premier constitue une sorte d'allée ou promenoir creusé dans de superbes blocs monolithes de huit et dix mètres de longueur, sur lesquels des hêtres ont eu l'irrévérence de pousser.

La particularité du second, est un couloir profond et mystérieux représentant assez exactement un petit boudoir que l'on croirait destiné aux faunes et aux dryades. Le troisième a la forme d'un auvent de boutique de cinq mètres de hauteur, avec un toit énorme fait d'un seul morceau, sous lequel les sylvains se mettaient probablement à l'abri de la pluie. Le quatrième se compose d'une roche de quatre mètres de hauteur sur dix de longueur, entourée d'un amas d'autres plus élevées, dont la disposition imite un chemin de ronde fréquenté la nuit, assure-t-on, par les fées et les sorciers du voisinage.

Au carrefour du Requêté, vous continuez toujours tout droit, pour arriver au cinquième massif appelé le *Chaos*. Amalgame confus de rochers rassemblés en grand nombre au même endroit, et entassés pêle-mêle les uns sur les autres, ces blocs erratiques qu'on dirait s'être donné le mot d'ordre pour se ruer à l'assaut de la montagne, enserrent ses bords de leur ceinture de pierre sur un long parcours, et se sont arrêtés brusquement comme figés dans leur élan, sans avoir pu en franchir le sommet. En dessous, à mi-côte, une épaisse table de roc d'une surface de vingt mètres avec un banc y attenant, s'offre pour un menu pantagruélique et pour des convives dignes de Gargantua. Plus bas, l'étang de la Rouillie, le châlet de l'impératrice, dans le fond, le mont Saint-Pierre, le château de Pierrefonds, et par derrière, les montagnes de Taillefontaine, servent de décor à cette salle à manger en plein air.

Vous laissez sur la droite le mont Collet qu'une magnifique coulée sépare du mont Saint-Mard, vous côtoyez l'entreillagement situé à l'opposé, et après avoir atteint le chemin caillouté, vous suivez celui de gauche qui mène au carrefour de la fontaine Maître-Jean. Cette dernière sort de la roche à cinquante mètres plus loin sur la gauche, descend en un mince filet dans le creux d'un vallon, et va se perdre dans une petite mare où son eau s'infiltre lentement.

Revenant sur vos pas, vous allez jusqu'au carrefour Lambin, nom d'un ancien fermier de l'Ortille, Jacques Lambin, mort presque centenaire en 1850, et dont le grand-père décédé à l'âge de cent quatre ans, avait particulièrement connu l'ermite Réné Va. Nous sommes sur la partie septentrionale du mont, la plus belle par ses points de vue, ses chemins encaissés plongeant dans des précipices à donner le vertige, et la plus remarquable par son épaisse futaie de hêtres qui poussent drus comme des blés.

Par une trouée aménagée dans le rideau d'arbres qui vous entoure sur la droite, vous apercevez dans l'éclaircie du lointain, Trosly-Breuil, la ligne du chemin de fer de Soissons, Berneuil avec sa fabrique de sucre, ainsi que son usine de produits chimiques.

Un amas considérable de rochers

d'une grosseur extráordinaire, recouverts d'une mousse verdâtre, couronne les bords du plateau. Cette parure d'émeraudes d'un nouveau genre se continue sur une grande surface, en descendant les pentes abruptes jusque sur la route de Soissons. Elle est connue sous le nom original de *Craquet-de-Pierres*.

On découvre Saint-Crépin-aux-Bois, Offémont, qui appartint à la Brinvilliers, le château des Bons-Hommes, ancien couvent des Gandmontains, le Francport et le cours sinueux de la rivière d'Aisne. Un passage étroit, dévalant des hauteurs, mène dans le bas au pont de Rethondes. On passe ensuite au carrefour du mont Saint-Mard, à celui des Carrières, et devant un amas de curieuses roches vertes d'où l'on distingue, à cent mètres dans le fond, la célèbre *Pierre-Torniche*.

Puis vous contemplez le panorama de la vallée de l'Aisne, Attichy, Soissons, avec les aiguilles fines de Saint-Jeandes-Vignes, la montagne du Crocq, Jaulzy, les monts de Torche et du Châtelet, la forêt de Laigue, la montagne de Suzoy, le mont Renault, la ferme d'Attiche, Noyon et la tour carrée de Chiry-Ourscamps.

On arrive à une ancienne carrière à ciel ouvert, près de laquelle pousse un cèdre maigriot et où s'ouvre la route de l'Ortille, qui tombe sur le chemin de l'Ermite. Un dernier point de vue s'offre à vos regards : la trouée des Beaux-Monts, le mont du Tremble à gauche, Choisy, Clairoix, le mont Ganelon à droite, et dans le bas, ce gracieux îlot de verdure qu'on appelle l'Ortille.

Entre ce point de vue et le carrefour du Geai, on remarque encore une carrière avec plusieurs entrées très étroites qui communiquent entre elles par des souterrains sur une grande étendue. Comme un terrier où se mettent à l'abri les hôtes de la forêt poursuivis par les oiseaux de proie, elle servit en 1870 de tanière aux habitants de Trosly-Breuil, pour se soustraire eux et leurs bestiaux, aux réquisitions prussiennes.

On reprend ensuite la route du Geai le chemin des Brioleurs, la route de Soissons jusqu'à la gare de Rethondes, abandonnant à regret ce mont si riche en souvenirs, qui vit l'homme des cavernes, le culte sanglant de Teutatès sur l'autel druidique de la *Pierre-Torniche*, l'armée des Bellovaques luttant contre Jules César, les chasses au sanglier des rois francs des deux premières races, les pieux ermites à la robe de bure marmottant leurs prières, et d'où l'on jouit de panoramas splendides.

Promenade des points de vue du Précipice et des Beaux-Monts par le sentier des Crêtes.

La promenade commence au carrefour Royal, où la route Gabriel mène au carrefour de ce nom, puis à celui de Victoire. Là, au lieu de s'engager dans le chemin de Saint-Corneille au poste forestier bâti sur l'ancien prieuré, choisir celui du Mont-des-Cornaillers aux Beaux-Monts, passer devant les Vineux, lieudit déjà cité au XVe siècle, et continuer jusqu'à la grande avenue percée par Napoléon Ier. Vous laissez, à droite, la butte du tir de l'infanterie pour gagner la route tournante Eugénie qu'il faut remonter pendant cinq cents mètres environ, jusqu'à la rencontre d'un sentier bien ombragé dans lequel vous pénétrez.

Au bout de quelques pas, deux autres

sentiers rejoignent le premier, l'un
venant de la route du Tréan et l'autre
de la trouée des Beaux-Monts, pour se
fondre en un seul qui serpente en
méandres capricieux. Celui-ci, destiné
par ses lignes transversales à couper
l'escarpement de la montagne, est pourtant assez raide pour faire éprouver un
besoin de repos. Le cas a été prévu par
la bienveillance de l'administration des
forêts : sous un gros hêtre au feuillage
touffu un banc rustique vous offre une
halte salutaire qui vous permet de
reprendre haleine et de puiser de nouvelles forces pour la montée. Vous êtes
à l'abri du soleil, et, tout en admirant
les beautés du paysage, vous éprouvez
sous ces arceaux de verdure une sensation de fraîcheur et de bien-être. Les
grands arbres élancent vers le ciel de
hautes colonnes droites ; les gorges
profondes sont tapissées d'herbes ; les
crevasses succèdent aux crevasses, et
c'est dans ce décor magnifique que
résonnent souvent les trompes des

veneurs et les aboiements des chiens à
la poursuite d'un cerf faisant une randonnée. L'ascension se continue à l'aide
de petits escaliers aménagés avec des
roches pour aboutir à un énorme hêtre
renversé par l'ouragan et dont le tronc
brisé à quelques mètres de sa base
forme au-dessus du sentier une sorte de
pont sous lequel vous passez. On songe
malgré soi à ces torrents impétueux de
l'Afrique centrale que les indigènes
traversent sans sourciller au moyen
d'arbres jetés de la même façon d'un
bord à l'autre.

Vous arrivez ensuite sur un chemin
où se trouve un banc, à la droite duquel
un sentier conduit au carrefour du
Précipice et traverse une route carrossable. Au milieu de pins sylvestres et
de mélèzes au feuillage sombre et
sévère qui poussent dans un terrain
sableux entremêlé de roches, il faut
prendre le sentier de gauche, puis au
premier croisement de routes, celui de
droite, traverser une route tournante,

descendre dans un bas-fond assez prononcé et remonter jusqu'à la rencontre d'un écriteau indiquant le sentier des Crêtes. Tout à côté, l'administration des forêts a fait établir une cabane en bois portant le numéro 4, auprès de laquelle un banc accompagné d'une épaisse table de chêne invitent le promeneur à une nouvelle halte bien gagnée.

Encore quelques pas et nous sommes au carrefour du Précipice qui ressemble à tous les autres, sauf que le poteau indicateur habituel est remplacé par un jeune cèdre protégé contre la dent des bêtes sauvages par un grillage en fer. La route de droite, qui touche à celle d'Épernon au chemin de Vieux-Moulin et au Port-Caborgne, conduit au plus joli point de vue de la forêt. Un certain nombre de panoramas artistement ménagés à travers les massifs de verdure déroulent aux yeux du touriste émerveillé les tableaux les plus variés (1).

1. Voir pour les détails la IIIe Promedade, f° 81.

Après avoir savouré ce spectacle, regagnez le sentier des Crêtes à côté duquel vous êtes passé en venant et qui mène au point de vue des Beaux-Monts. Que vous dirai-je, sinon qu'il n'en existe pas de plus pittoresque. Courant sur le flanc de la montagne, sinueux à l'excès, tantôt remontant, tantôt redescendant, ce sentier est d'une longueur démesurée dont on ne se plaint pas d'ailleurs, puisqu'on voudrait n'en voir jamais le bout, tellement il est ravissant. C'est un décor de féerie, un paysage alpestre avec des précipices vertigineux, des ravins creusés par les eaux des orages et une infinité d'arbres qui escaladent les pentes gazonnées de feuilles mortes, l'épaisseur du feuillage ne laissant pas filtrer les rayons du soleil.

Dans ce couloir de verdure, où règne un silence mystérieux que viennent seuls troubler le souffle du vent et le bruit du feuillage, on ressent une impression de calme et de sérénité, une sensation profonde et délicieuse à laquelle on ne peut se soustraire. Sous cette influence, vous pouvez vous livrer à la rêverie et lâcher la bride à votre imagination, en vous asseyant sur un banc placé en face d'une trouée qui fait apparaître le majestueux château du Francport, village où le peintre de Bellée a son atelier. Car, moins favorisée par les peintres que la classique forêt de Fontainebleau, la nôtre abrite cependant aussi sa petite colonie d'artistes. Elle a eu pour hôte Théodore Rousseau, et celui-là suffirait seul à sa gloire. Il a peint plus d'une fois les chênes séculaires de Saint-Jean-aux-Bois, et l'on a conservé la mémoire à l'auberge Leroy, des omelettes qu'il y confectionnait. Français, Japy et Boudier ont été aussi des habitués de Saint-Jean. Serrier a demeuré à l'auberge Duchemin, à Rethondes (1).

Mais qu'on nous pardonne cette digression et revenons à notre sentier.

1. *Compiègne,* par Lefebvre Saint-Ogan, f° 263.

Au fur et à mesure que vous avancez, les pentes des gorges se font plus vertes, des échappées de soleil percent les feuilles, les profondeurs sont plus ou moins accentuées ; çà et là, quelques noyers venus on ne sait d'où, plantés par la main du hasard, puisqu'il n'en existe pas dans le voisinage, peut être apportés par le bec d'un corbeau, poussent sur le bord de la crête. Pour varier, une seconde éclaircie nous montre le village de Trosly-Breuil, où existait, du temps de Dagobert, une maison royale. Quelques rochers moussus s'alignent sur la gauche, précédant l'arrivée sur un rond-point ouvert à tous les vents et au milieu duquel a été planté, comme au carrefour du Précipice, un jeune cèdre (1) en guise de

1. Planté au printemps dernier. Un troisième cèdre a été planté cette année aussi au carrefour du Gouverneur, sur la route de Vieux-Moulin, à l'origine de la nouvelle route forestière conduisant à la gare de Rethondes, terminée depuis peu de mois, et qui constitue la plus délicieuse promenade de la forêt. Ses trois kilomètres ont coûté la jolie somme de 37.000 francs.

poteau. C'est le point de vue des Beaux-Monts.

Là, dans un fond formé par un grand cirque de collines bleues et noyées de brumes, on aperçoit les panoramas que nous avons précédemment décrits et dont nous copions seulement la désignation, d'après les pancartes clouées aux arbres. Premier tableau : *Vallée de l'Aisne. — Ferme de Rethondes. — Château de Sainte-Clair.* Deuxième tableau : *Berneuil. — Attichy. — Côtes de Soissons.* Troisième tableau : *Château des Bonshommes. — Le Francport.* Quatrième tableau : *Forêt de Laigue. — Noyon. — Tour de Chiry.* Cinquième tableau : *Compiègne, Venette et Remy.*

Quant au mont du Tremble qui émerge à quelque distance de ce point de vue, et où l'on accède de ce dernier par une descente assez raide, des chemins contournés conduisant au sommet avaient été créés sous Louis XV, mais ils ont été convertis en une route tracée en spirale très régulière, parfaitement accessible aux voitures, sur les indications de Napoléon III, par les soins de M. de Wimpffen, inspecteur des forêts à Compiègne, en 1857. De ce moment aussi datent le point de vue du Précipice avec ses chemins d'accès, qui viennent d'être rendus carrossables, et la route tournante sur le mont Saint-Mard.

Pour revenir à Compiègne, il faut prendre la route tournante qui va du point de vue des Beaux-Monts au carrefour du Précipice et mène à celui du Cèdre-du-Liban. Ce rond-point est ainsi nommé parce que, au centre, se trouve un magnifique cèdre dont le tronc mesure deux brassées d'homme, et qui a été planté à l'automne de 1810, en l'honneur de Marie-Louise. On peut aussi gagner l'avenue des Beaux-Monts en poursuivant jusqu'au bout le susdit chemin, vers le milieu et à droite duquel un autre prend naissance, qui conduit au mont du Tremble.

Cependant il vaut mieux continuer jusqu'au Précipice, où le promeneur infatigable descendra la route d'Epernon au chemin de Vieux-Moulin pour tomber sur une route nouvellement cailloutée et nommée de Morpigny. Un peu avant d'atteindre cette voie, on rencontre la mare du Port-Caborgne, que deux sources coulant à droite et à gauche sous deux petits ponts rustiques, alimentent d'un débit parcimonieux et où viennent s'abreuver les grands animaux qui habitent ces parages.

Chemin pour les Voitures

Au carrefour Royal, prendre à gauche la route Gabriel conduisant au carrefour de ce nom, la continuer pour traverser l'avenue des Beaux-Monts, poursuivre jusqu'à la route Eugénie dans laquelle on s'engage, à droite, et, après avoir de nouveau franchi l'avenue des Beaux-Monts, gagner le premier cailloutis, à gauche, qui mène à la crête de cette montagne. Dans ce chemin on rencontre deux sentiers gracieux qui facilitent aux visiteurs l'accès auprès d'un chêne rouvre qui est certainement un des plus beaux de France et qui a reçu le nom de *Chêne de la Tzarine*, en souvenir de la visite de leurs Majestés Impériales de Russie, pendant l'année 1902. Pour apprécier les dimensions extraordinaires de cet arbre colossal, il faut se placer à son pied même, âgé d'au moins trois siècles ; il est en pleine vigueur et peut encore vivre autant.

Arrivé sur le sommet des Beaux-Monts, entrer sur la route carrossable à droite, qui mène au carrefour du Précipice, et pour passer de ce carrefour à celui des Beaux-Monts, choisir la route tournante qui se trouve à gauche de celle que l'on vient de quitter.

TABLE DES MATIÈRES

12062. Compiègne. — Imp. E. Lévéziel. — Téléph. 0.61

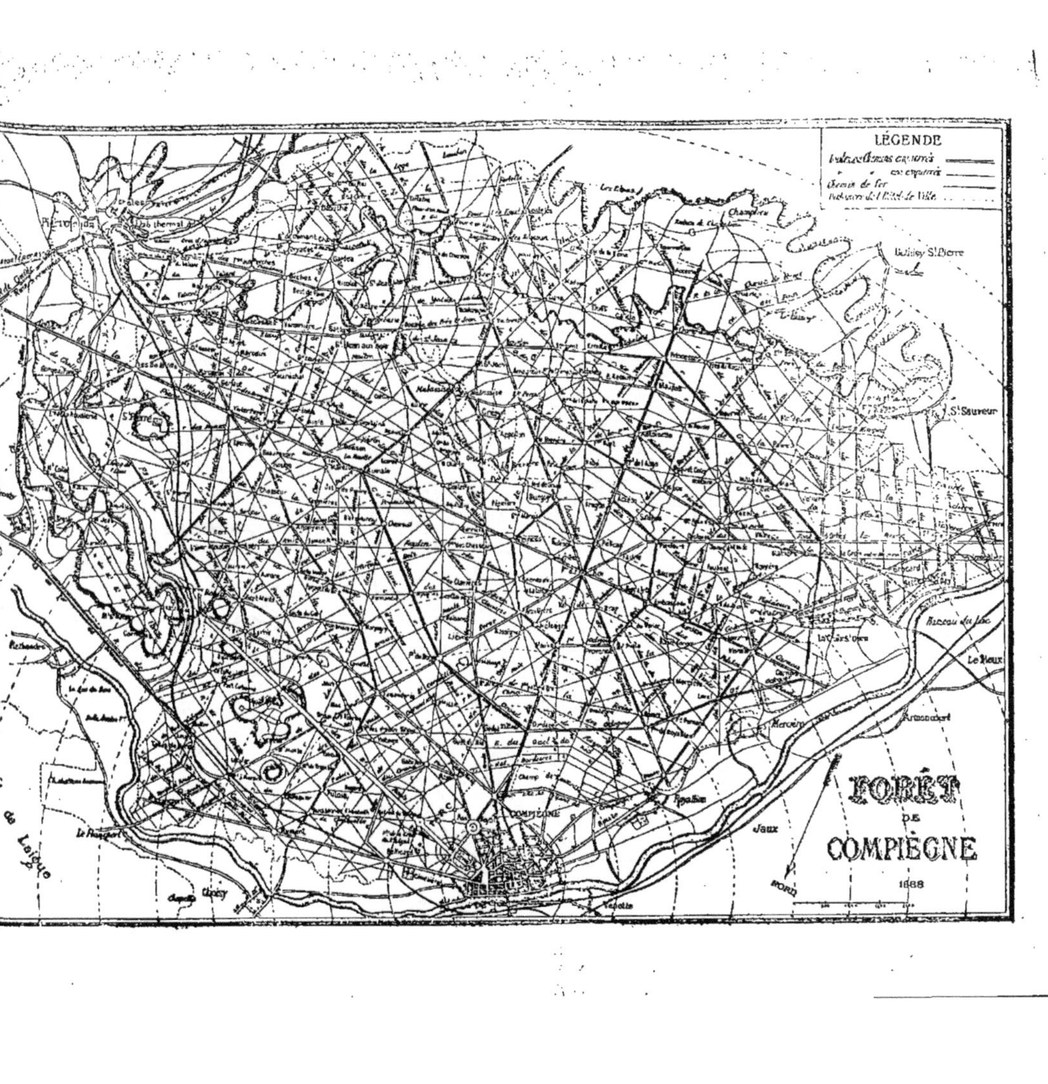

LÉGENDE
Chemin de fer
FORÊT
DE
COMPIÈGNE
1888
Boissy St Pierre
St Sauveur
Ruisseau du Lac
Le Meux
Jaux
NORD
COMPIÈGNE
de Laigue

CENTRE DE LA VILLE DE COMPIÈGNE

LÉGENDE

A — Hôtel de Ville
B — Palais
C — Église Saint-Jacques
D — Mess des Officiers
E — Tribunal
F — Théâtre neuf
O — Casernes
H — Bureaux des Bâtiments
I — Théâtre municipal
J — Petites-Écuries
K — Collège
L — Magasin à fourrages.
M — Hôtel-Dieu
N — Église Saint-Antoine
O — Manutention militaire
P — Haras
Q — Lits militaires
R — Sous-Préfecture
S — Hôpital des Vieillards
T — Abattoir
U — Tour Jeanne Darc
V — Halle aux poissons
X — Gymnase École
Y — Prison
Z — Gendarmerie

LES MEILLEURS CYCLES
RÉUNISSANT
Élégance parfaite, Montage irréprochable, Solidité garantie
SONT
LES
CYCLES
Le Cerf
La Maison GUINARD représente aussi
toutes les grandes marques Françaises & Anglaises
Téléphone 0-48
Maison J. GUINARD
31, BOULEVARD DU COURS, COMPIÈGNE
Réparation, Location.

Grand Hôtel des Bains

PIERREFONDS

Téléphone 3

Établissement de premier ordre au milieu d'un parc de 19 hectares, entièrement clos, comprenant pelouses, lac à eau courante, bois

CUISINE TRÈS SOIGNÉE
CAVE RECOMMANDÉE

GARAGE POUR AUTOMOBILES

24 HEURES DE DÉPLACEMENT

Aller visiter Pierrefonds, ce nid de verdure au milieu de la forêt de Compiègne, c'est vouloir connaître un des plus beaux sites de notre pays.

Visiter son château, merveille architecturale, son église du xvi⁰ siècle, l'abbaye féodale de Saint-Jean-aux-Bois, c'est lire une page d'histoire du moyen âge.

98 KILOMÈTRES DE PARIS PAR AUTOMOBILE

Agence de Locations

L. SORRET

AGENT-DIRECTEUR

Rue du Bourg

Pierrefonde-les-Bains (Oise)

RENSEIGNEMENTS GRATUITS

VISITE DE MAISONS & VILLAS

www.ingramcontent.com/pod-product-compliance
Ingram Content Group UK Ltd.
Pitfield, Milton Keynes, MK11 3LW, UK
UKHW022344090726
13658UKWH00001B/450